U0782245

中国文化
ABC

器物与生活

主编：朱法元　夏汉宁
编著：罗小华　夏汉宁

江西人民出版社
Jiangxi People's Publishing House
全国百佳出版社

目录

|第三章| 中华医学

|第四章| 健身娱乐

CONTENTS

| Chapter III | Chinese Medicine

| Chapter IV | Fitness and Entertainment

第一章

特色发明

Chapter I

Featured Inventions

1. 陶瓷

陶瓷是陶器和瓷器的总称。中国是"陶瓷的故乡",是世界上使用陶器最早的国家之一,也是瓷器的发明地。英文中的"china"一词,本来指的就是陶瓷,后来成了中国的代称。早在欧洲人掌握陶瓷技艺前一千多年,中国就已经制造出了精美的陶瓷器具。

早在汉代,中国就出现了有多种色彩的釉料,上釉陶器工艺开始广泛流传。从魏晋到隋唐,最具代表性的瓷器品种是以浙江越窑为代表的青瓷。之所以叫青瓷,是因为其表面覆有一层透明或半透明的青釉。这种瓷器胎质坚硬,不吸水,代表了当时制瓷技术的最高水平,标志着中国瓷器生产新时代的到来。唐代盛行一种叫作"唐三彩"的低温釉陶器,其原理是将不同的金属氧化物加入铅釉中,焙烧出以黄、褐、绿三色为主的多种色彩。

宋代是中国陶瓷史上的空前繁荣时期,呈现出官、汝、钧、定、哥等"五大名窑"和龙泉窑、耀州窑、磁州窑、越窑、建窑、景德镇窑等百花齐放的局面,其出产瓷器的精美程度、数量和品种,都远超

青花瓷

哥窑瓷

汝窑瓷

前代。官窑在河南开封，是指由朝廷直接监制的官办窑厂，专门生产御用瓷器。官窑的瓷器口沿釉薄处微露胎色泛紫，胎足无釉处呈铁红或铁褐色，俗称"紫口铁足"。汝窑在河南汝州，专烧青瓷，胎体薄滑，釉质较厚，质感堪比玉石，有"宋瓷之冠"的美誉。

汝窑瓷胎为灰白色，深浅有别，与燃烧后的香灰相似，故称"香灰胎"。其瓷釉基本色调是一种淡淡的天青色，俗称"鸭蛋壳青色"。釉下斑斑点点，釉面开裂成错落有致的极细纹片，构成名贵的"梨皮、蟹爪、芝麻花"图案。钧窑在河南禹州（宋代称钧州），以高温铜红釉的成功烧造，在制瓷史上占有重要地位。"钧红"问世，打破青釉独占鳌头的局面。钧窑所产的瓷器有着变化无穷的釉色，红、蓝、青、白、紫交融在一起，如云霞一般灿烂，宋朝时期的人们曾用"夕阳紫翠忽成岚"加以形容。

哥窑名列宋代五大名窑之一，在陶瓷史上有举足轻重的地位。关于哥窑有一个典故，传说浙江处州人章生一和其弟章生二都是制瓷好手，他们两人同在龙泉各设一窑，因生一是兄，所以被称为"哥窑"，生二为弟，当然称为"弟窑"，此二窑皆为著名民窑。哥窑瓷器釉色灰青、米黄，往往出现较粗的呈黑色的裂纹、较细的呈黄色的裂纹，两种裂纹前后层次错落，被称为"金丝铁线"。

定窑在河北曲阳，在宋代五大名窑中，汝、官、哥、钧都以青釉取胜，只有定窑烧制白瓷。定瓷精品之所以珍贵，不仅仅在于其如雪似银的胎釉，更在于它精美的划花、刻花和印花的纹饰。

江西景德镇窑所产瓷器质薄色润，光致精美，白度和透光度均极高。温润如玉的青白瓷一经问世，便风靡天下，深受海内外市场的欢迎。不仅长江以南大量地区出现仿烧，形成一个以景德镇为中心的青白瓷窑系，而且大量产品远销海外，迄今为止，青白瓷仍是海内外考古发掘中出土最多的中国宋代瓷器品种之一。宋真宗初见青白瓷，爱不释手，立刻下一道圣旨，诏令由昌南镇烧造和进贡御器，器底一律标上"景德年制"款识，并用自己的年号"景德"为这山区小镇命名。1004年，昌南改名景德镇，奠定了其作为中国古代陶瓷生产中心的基础。元至元十五年（1278），在景德镇设立了"浮梁瓷局"。元代，景德镇在制瓷工艺上最大的突破在于青花瓷和釉里红的烧制。青花瓷以钴矿作为颜料，在生胎表面绘出图案，施以透明釉，在高温下一次烧成，是一种呈白地蓝花式样的釉下彩瓷。釉里红以铜红料为颜料，呈白地红花的釉下红彩式样。釉里红烧制极为困难，成品很少，色纯正者更是难得一见。元代中晚期，景德镇开始烧造出极其成熟的青花瓷。这些青花瓷洁白厚重，釉面光润透亮，青花料色青翠艳丽、光彩焕发，如清水芙蓉，素雅大方，被称为"国色"。从元代至今的七百多年间，青花瓷成为最能体现中国古代瓷业艺术成就的品种，也一直是中国瓷器生产和外销的主流。从那时起，景德镇陶瓷产品畅销世界，世界也以景德镇陶瓷来认识中国。

到了清代，以康熙、雍正、乾隆三朝为代表，中国古代瓷器发展到达最后一个高峰，其中五彩、珐琅彩和粉彩等釉上彩最具盛名。

2. 青铜文明

青铜器是以青铜为基本原料加工而制成的器皿。青铜，古称金或吉金，是红铜与其他化学元素（锡、镍、铅、磷等）的合金，其铜锈呈青绿色，因而得名。青铜是中国金属冶铸史上最早出现的合金。由于青铜器以其独特的器型、精美的纹饰、典雅的铭文向人们揭示了先秦时期的铸造工艺、文化水平和历史源流，因此被史学家们称为"一部活生生的史书"。中国上古文明悠久而又深远，青铜器则是其缩影与再现。

青铜器文化在中国历史久远，一般将其分为三个阶段，即形成期、鼎盛期和转变期。形成期是距今 4000~4500 年的龙山时代，相当于尧、舜、禹所处的时代；鼎盛期包括夏、商、西周、春秋及战国早期，延续一千六百余年；转变期是指战国末期到秦汉时期，这时青铜器逐步被铁器所取代，数量骤减，形式上也由在礼仪祭祀和战争活动等重要

青铜器

场合使用的礼乐兵器变为日常用品，随之而来的是器制种类、构造特征和装饰艺术的转变。

商是奴隶制社会发展的一个重要时期，也是青铜艺术的鼎盛期。当时青铜器的主题图像为饕餮纹，这种纹饰也被称为兽面纹。约公元前13世纪至9世纪（即从晚商到西周中叶），是青铜艺术的灿烂鼎盛时期。商代青铜器表面一般都铸刻着粗壮多变的纹饰，前期主要是动物纹、几何纹样。后期更加繁缛，主要是饕餮纹、蝉纹、云雷纹、蟠龙纹。这一时期的青铜器造型特点为器形凝重，纹饰庄严。以饕餮纹为装饰给人以狞厉恐怖、森严神秘之感。迄今为止中国发现的最大商代青铜器，就是出土于河南安阳殷墟的司母戊大方鼎（又称后母戊大方鼎），鼎高133厘米，器口长110厘米，口宽79.2厘米，重832.84千克。

商代青铜器物，彰显了统治者的权力和独霸天下的威严，具有强烈的精神实用性。从美学的角度审视商代青铜器及其纹饰，带有凝重

司母戊大方鼎和"司母戊"铭文

西周丰尊

的古朴之美，给观赏者一种"力"之美。

西周时期的青铜器，最初在造型和纹样等方面继承殷商传统，后来形成自己的面貌。虽然礼器仍是青铜器中的主要内容，但器类有新的变化。由于周王认为殷人嗜酒是亡国的主因之一，周初极力打击纵欲的恶习，反映在青铜礼器的组合上是酒器所占比重相对减少，食器占据重要位置。器物的整体造型和装饰纹样也发生变化，并且开始流行在礼器上铸长篇铭文的礼俗，有时铭文多达几百字，形成一篇文章，是后世探究西周史实的绝好资料。至于装饰纹样，已由晚商的过分繁缛趋于简约，兽面纹已简化而较富图案趣味，失去威严狰狞的色彩。只有鸟纹向华美发展。商晚期铜器装饰的一种小鸟纹，西周时已演变成回首、垂冠的大鸟纹，具有卷曲华丽的长尾。由于西周王朝勃兴与凤凰祥瑞传说有关，于是华美的凤凰纹成为西周青铜装饰的特征之一。

3. 造纸术

纸作为具有传递信息、传承文化等功能的重要材料，两千年来一直为人类历史的记录、科学技术和文化的发展、社会文明的进步发挥着不可替代的作用。中国先民发明的造纸术对人类文明所做的卓越贡献有目共睹。手工造纸的生产主要是将原料（麻、树皮、稻草、竹木等）洗净切碎，然后在碱性溶液中脱胶，除去色素和木素，再春捣成浆呈泥膏状，最后用竹或丝制的网筛抄出一层纤维薄片，晾干或晒干、烘干即成纸张。

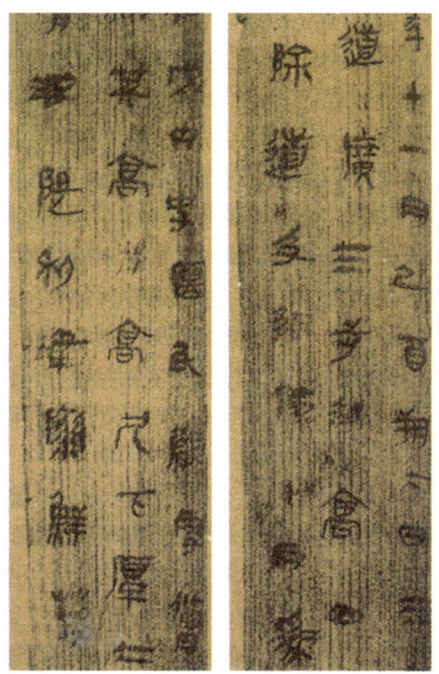

青川木牍

春秋竹简书

　　东汉时期，蔡伦在前人造纸术的基础上，发明和推广了新的造纸技术，改变了商代用甲骨，西周用青铜器，春秋用竹简、木牍、缣帛作为书写材料的历史，适应了汉代经济社会繁荣发展的新形势，为汉代文明的勃兴做出了重大贡献。

　　蔡伦用树皮、麻头、破布、渔网，经过挫、捣、抄、烘等一系列的工艺加工，制成植物纤维纸，这也是真正意义上的纸。元兴元年（105），蔡伦向汉和帝献纸，受到和帝赞誉，造纸术因此而广为天下知。蔡伦造的纸被称为"蔡侯纸"，公元105年则被认为是造纸术的发明年。

　　造纸术是震撼世界的发明，怛罗斯之战，则是改变世界书写史的一次战役。

　　唐玄宗天宝十年（751），由于阿拉伯帝国阿拔斯王朝（即黑衣大食）的多年挑衅，唐朝大将高仙芝率领数万唐朝精兵长途奔袭，在今哈萨

汉代造纸工艺流程图

克斯坦境内的怛罗斯展开一场为争夺西域控制权的对决。对战结果是唐军败北，安西都护府损失惨重，后加上安史之乱，唐朝放弃了对西域的掌控，从此阿拉伯帝国完全控制了中亚地区。正是这场战役，让阿拉伯人意外收获了一项足以改变世界文明进程的技术——造纸术。

越南大约在公元 3 世纪就获得了中国的造纸技术，7 世纪传入印度后南传到东南亚国家；4 世纪流入朝鲜，之后鉴真东渡传至日本；8 世纪因怛罗斯之战传入阿拉伯，之后的数世纪逐渐西传直至非洲；12 世纪阿拉伯人在西班牙建立了造纸场，13 世纪造纸术传入意大利，14 世纪传入法国、德国，15 世纪传入与欧洲大陆一海之隔的英国；16 世纪由西班牙人和荷兰人传入美洲，直至 17 至 18 世纪才流传到大洋洲；截至 19 世纪，中国的造纸术已经传播到世界五大洲。

4. 指南针

指南针是利用磁铁在地球磁场中的南北指极性而制成的一种指向仪器。最早出现的指南工具叫司南，战国时已普遍使用。它是利用天然磁石琢磨而成，样子像一只勺，重心位于底部正中，底盘光滑，四周刻二十四向，使用时把长勺放在底盘上，用手轻拨，使它转动，停下后长柄就指向南方。

司南的出现是人们对磁体极性认识的应用，但司南也有许多缺陷。首先是天然磁石很难找到，加工时又容易失磁，所以司南的磁性比较弱。其次是它与地盘接触处要非常光滑，否则很难旋转起来，达不到预期的指南效果。最后是司南有一定的体积和重量，携带很不方便，这也是司南长期未得到广泛应用的主要原因。

指南针的发明是人们在长期的实践中对物体磁性认识的结果，由于生产劳动，人们接触了磁铁矿，开始了对磁性质的了解。

人们首先发现了磁石吸引铁的性质，后来又发现了磁石的指向性。到了宋代，终于制造出了指南鱼和指南针。指南针的主要组成部分是

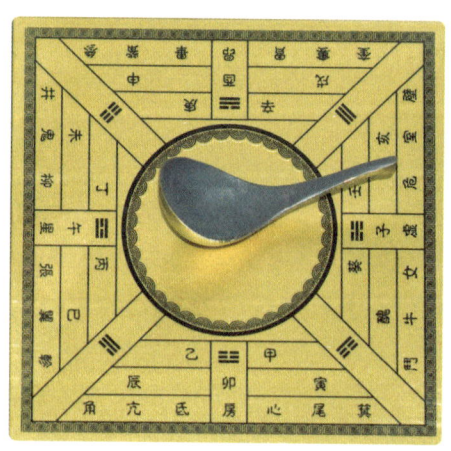

司南

一根装在轴上可以自由转动的磁针，它由天然磁石摩擦钢针制成。磁针在地磁场作用下能保持在磁子午线的切线方向上，磁针的北极指向地球的北极，利用这一性能可以辨别方向。指南针使用起来非常方便。后来人们把它装置在方位盘上，称为罗盘。这是指南针发展史上的一大飞跃。

指南针是磁石做成的，但天然磁石又很难找到，于是古人便发明了一种人工磁化的方法，利用地球磁场使铁片磁化，即把烧红的铁片放置在子午线的方向上。铁片烧红后，铁片中的磁畴便瓦解而成顺磁体，蘸水淬火后，磁畴又形成，但在地磁场的作用下磁畴排列具有了方向性，所以能指示南北。人工磁化方法的发明，对指南针的应用和发展起到了巨大的作用。

指南针一经发明很快就被应用到军事、生产、日常生活、地形测量等方面，特别是航海上。在《萍洲可谈》中有记载："舟师识地理，夜则观星，昼则观日，阴晦则观指南针。"这是世界航海史上最早使用指南针的记载。12世纪以后，指南针传到了阿拉伯国家和欧洲，又大大推动了世界航海事业的发展和中西文化交流。指南针的发明是中华民族对世界文明的又一重大贡献。马克思曾把指南针和印刷术、火药的发明称作"资产阶级发展的必要前提"。

5. 火药

中国是世界上第一个发明出火药的国家，至今已有一千多年的历史。火药是古代炼丹家在炼丹过程中发明的，他们在炼制丹药的过程中，偶然发现将适量的硫黄与硝石混合再加上木炭会着火甚至爆炸。这其实就是最早的火药配方。至少在公元808年以前，含硝、硫、炭三种成分的火药已经在中国诞生。

火药为什么被称作"药"呢？这是因为火药最初是木炭、硫黄、

火药

硝酸钾三种粉末的混合物，而硝酸钾和硫黄是中国古代第一部医药书籍《神农本草经》里记载的珍贵药材；而且在人们已经发明出火药之后，火药仍被认为是一种非常好的药材。在世界医学巨著《本草纲目》中提到了火药能够治疮癣，杀菌，防湿气和瘟疫。其中更重要的一条理由是：火药本身就出自人们炼丹制药的过程当中。所以，后人就把这种容易燃烧爆炸的药品称作"火药"。

初时人们对火药在军事上的应用并没有过多的兴趣，直到唐末五代时期，天下大乱，烽烟四起，许多原先寄食于豪门贵族家中的方士流离失所，有的投身军旅，从而逐渐将火药配方引用至军事方面，相继出现了一系列火药武器。到了宋代，许多城市都设有火药兵器制造业，军队也已大量配备火药弓箭、火药火炮箭等。早期的火药兵器威力有限，不可能取代刀剑等冷兵器。但自南宋中期以后，火药兵器在兵器中的比重显著增大。在此后的宋、金、元之间的战争中，火药的使用愈益频繁。著名的军事专家成吉思汗就是用火药武器征服中亚、波斯等地，甚至打到了欧洲。火药的威力令全世界震惊，中国人制造火药的技术随之传向国外。中国古代发明的火药，把人类的文明推上了一个新的台阶。恩格斯评价说："火药和火器的采用绝不是一种暴力行为，而是一种工业的，也就是经济的进步。"

6. 印刷术

大约在唐朝时，人们发明了雕版印刷术。它的具体操作程序是：把木材锯成一块块木板，把要印的字写在薄纸上，反贴在木板上，再根据每个字的笔画，用刀一笔一笔雕刻成阳文（凸出来的文字），使每个字的笔画突出在板上。木板雕好以后，就可以印书了。印书的时候，先用一把刷子蘸了墨，在雕好的板上刷一下，接着，用白纸覆盖在板上，另外拿一把干净的刷子在纸背上轻轻刷一下，把纸拿下来，一页书就印好了。一页一页印好以后，装订成册，一本书也就产生了。这种印刷方法，是在木板上雕好字再印的，所以被称作"雕版印刷"。唐代统治者组织了庞大的印刷队伍，从事卷帙浩繁、工程巨大的雕版工作，将各种书籍印刷颁行，大大方便了文化的传播和繁荣。但是雕版印刷有个缺点，即要求雕版过程中不能出现一点儿疏漏，稍有不慎，刻坏了一个字，整块雕版就得报废。这个问题直到宋代才得到解决。

北宋时期，平民发明家毕昇总结历代雕版印刷经验，经过反复试验，在宋仁宗庆历年间制成胶泥活字，实行排版印刷，大大提高了印

用木头雕刻的整块印刷用《说文解字》雕版

活字印刷

刷的效率，完成了印刷史上一项重大的革命。最初，毕昇使用的是木活字，但是木材遇水会膨胀，干了之后又会收缩，且容易黏药，取用不便。经过多次试验，毕昇最终以黏土制成了陶瓷活字，将其排在盛有松香、蜡和纸灰的铁盘中，用火烤化松香和蜡，再压平字面，经冷却制成可代替雕版的字版，完成了印刷术的一次飞跃。

活字印刷术作为雕版印刷术的改良，在印刷史上掀起了一场革新。活字印刷术，就是先把每个字单个制成表面突起的与原字相反的字模，古文谓之"单字阳文反文字模"，然后在印刷时按照稿件的行文顺序把单字字模挑选出来，排列在印刷的字盘里，涂墨印刷，印完后再将字模拿出来以便下次使用。活字印刷术比之前的每印刷一次就要雕刻一次的雕版印刷术不知方便了多少。

毕昇的活字印刷术，在当时并没有引起太大反响，只有沈括在其《梦溪笔谈》中有所记载。在毕昇之后，13世纪末，元代著名农学家王祯选用软硬适中、纹理细密、伸缩性弱的木材，制成了木活字，仅用不到一个月时间，就印制了一百部六万多字的《旌德县志》，并设计出一种可以转动的排字盘，方便寻找所需活字，轰动一时，并使活字印刷术得到了普遍推广。后来，朝鲜人又制出了铅活字。随着印刷术的发展，逐渐出现了套色印刷。于1340年印制的《金刚经》，就是用红、黑两种颜色印刷的。17世纪的清朝，出现了木刻水印，即将一幅画分割成许多小块，每个小块按原作样式刷上不同颜色，进行套印或叠印，印刷的成品能保持原作的面貌达到乱真的效果，被誉为"再创造的艺术"。

7. 货币

中国是世界上使用货币最早的国家之一。中国的货币，至少已有四千多年的历史。

在货币出现以前，人们主要靠以物换物的形式来交易，这样非常不方便，于是货币就出现了。中国最早的货币出现在商朝，起初的货币还主要是贝壳。到了商代后期，出现了铜贝，这是我国最早的金属货币。铜贝，作为货币在商代尚未广泛使用，到了春秋时期才被普遍使用。此外,在春秋战国时期,各个国家还流行着许多不同形态的货币。其中楚国出现的"郢爱"，是我国最早的金币。这让中国成为最早使用贵金属——黄金作货币的国家。

公元前221年，秦始皇统一了中国，同时统一了当时的货币。当时规定黄金为上币，铜钱为下币，并且规定铜钱一律采用"圆形方孔"的外形。从此，我国的货币形态基本固定为"圆形方孔"，并延续了两千多年，一直沿用到清末。

汉兴元年（338），在中国货币史上首次出现了年号钱。它是成汉政权昭文帝李寿于汉兴元年铸造的，所以叫"汉兴钱"。

开元通宝

　　唐朝是中国古代社会发展的高峰。政治、经济、文化空前发展，货币方面也有重大的改革。唐代货币的名称与重量完全分离，钱币不再以重量来计算，而改称"通宝"，即通行的宝货。其中"开元通宝"是唐朝三百年间最主要的铸币。在唐代，还出现了一种名叫"飞钱"的票证。商人售货获得大量货币，如果将它们随身带回家，这样既不安全也不方便，于是他们便将货币交给当地相关机构和富人。这些机构和富人便会给商人半联票据，另外半联寄给商人所在地的相关机构。商人回家后，便可凭票据去取款。"飞钱"有点类似于今天银行的汇票。

　　宋朝是铸币业比较发达的时期，从数量和质量上都超过了前代。北宋货币以铜钱为主，南宋货币以铁钱为主。同时，白银的流通亦取得了重要的地位。最为重要的是，在北宋年间出现了世界上最早的纸

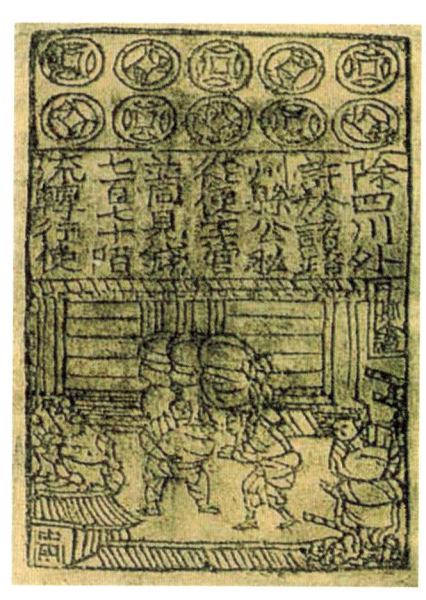

中国最早由政府正式发行的货币——交子

币——"交子"，其后陆续出现其他种类的纸币——"会子"和"关子"，并且纸币的地位越来越重要。北宋纸币"交子"首先在四川民间出现，是当地方言"票券"的意思。"交子"最初是一些商人发明的，用于代替铜、铁钱的流通。用纸币代替金属货币，既方便又安全，深受人们的欢迎。随后，北宋政府设立机构，发行官方纸币——"交子"。南宋出现的"会子"和"关子"与"交子"一样，也是一种纸币，只不过它们流通的范围更大。

元朝主要行使纸币，同时确立了白银在货币流通中的重要地位。银锭统称"元宝"即来源于元朝。元初曾一度禁止使用铜钱，后来虽然铸造过不少种类的铜钱，但数量较少。

明朝大力推行纸币——钞，明初只用钞不用铜钱，后来改为铜钱和钞兼用，但明代只发行了一种纸币——大明宝钞。白银在明代成为法定的流通货币，大交易多用银，小交易用钞或铜钱。明朝所有钱币统称"通宝"。

清朝主要以白银为主，小额交易往往用钱。清初铸钱沿袭两千多年前的传统，采用模具制钱，后期则仿效国外，用机器制钱。另外，清朝和民国还有一种外来货币比较流行，那就是银圆。虽然银圆最早在明朝万历年间由西班牙流入中国，但是在清朝才开始普遍使用。清乾隆五十八年（1793），清朝政府首次在西藏铸行"清乾隆宝藏"银币。道光年间，台湾、福建等地也曾仿制银圆，称为银饼。光绪十五年（1889），广东开铸"光绪元宝"银圆，从此各省纷纷效仿。宣统二年（1910），清朝政府颁布《币制则例》，规定银圆为本位币，但因辛亥革命爆发而未正式发行。

民国元年（1912），国民政府开铸孙中山开国纪念币。1914年铸造袁世凯侧面一元银币，老百姓一般称之为"袁大头"。1935年国民政府实行货币改革，禁止银圆流通。

中华人民共和国成立后，各种银圆均由中国人民银行按一定比价收兑，禁止流通。

货币在中国有着悠久的历史，宋代出现的纸币在世界货币发展史上具有重大的意义。西方首次使用纸币的是瑞士，由瑞士银行在 1661 年发行，这比中国宋朝出现的纸币——"交子"晚了约 500 年。

8. 算盘和珠算

算盘是中国传统的计算工具，中国古代的一项重要发明，在阿拉伯数字出现前是世界广为使用的计算工具。算盘是中国人在长期使用算筹的基础上发明的，迄今已有六百多年的历史。古时候，人们用小木棍进行计算，

算盘

这些小木棍叫"算筹"，用算筹作为工具进行的计算叫"筹算"。后来，随着生产的发展，用小木棍进行计算受到了限制，于是，人们又发明了更先进的计算器——算盘。

现存的算盘形状不一、材质各异。一般的算盘多为木制（或塑料制品），算盘矩形框内排列一串串等数目的算珠，内贯直柱，俗称"档"，一般为 9 档、11 档或 15 档。档中横以梁，梁上 2 珠（财会用为 1 珠），每珠代表 5；梁下 5 珠（财会用为 4 珠），每珠代表 1。

关于算盘的来历，有一个美丽的传说。相传黄帝时代没有算账先生，黄帝统一部落后，物资越来越多，算账、管账成为每家每户经常碰到的事，出出进进的实物数目越多越乱，黄帝为此事大为恼火。黄帝宫里的隶首于是想出一个办法，就是用不同的野果给交上来的不同猎物记账，这样上交猎物的人谁也别想赖账。谁料，好景不长。各种

野果存放时间一长，全都腐烂了，账目也全混乱了。隶首于是又想出一种办法，用不同颜色的石头片给不同的猎物记账，这下再也不怕变色腐烂了。有一天，他出外有事，他的孩子引来一群玩伴，一见那些不同颜色的美丽石片，孩子们好奇，你争我抢一不小心，石头片全散了。隶首的账目又乱了。他一人蹲在地上一个个往回捡，此时隶首的妻子花女走过来，指点他："你给石片上穿一个眼，用绳子串起来就不会乱了！"隶首顿时茅塞大开，便给每块石片都打上眼，用细绳将相同颜色的石片逐个穿起来。每穿够 10 个数或 100 个数，中间穿一个不同颜色的石片。这样清算起来就省事多了。从此，宫里宫外，上上下下，再没有发生过虚报冒领的事了。

　　随着生产不断向前发展，获得的各种猎物、皮毛的数量越来越大，品种越来越多，要穿的石片也越来越多，非常麻烦。隶首为此很苦恼。风后知道了，便告诉隶首说："算账不需要用那么多的石片。只用 100个石片就够了。"隶首还是不明白，风后继续解释说："比如，今天猎队交回 5 只鹿，就从竹棒上往上推 5 个石片；明天再交回 6 只鹿，5个加 6 个是 11 个，就向前进一位。从颗数上看，只有两个，实际上

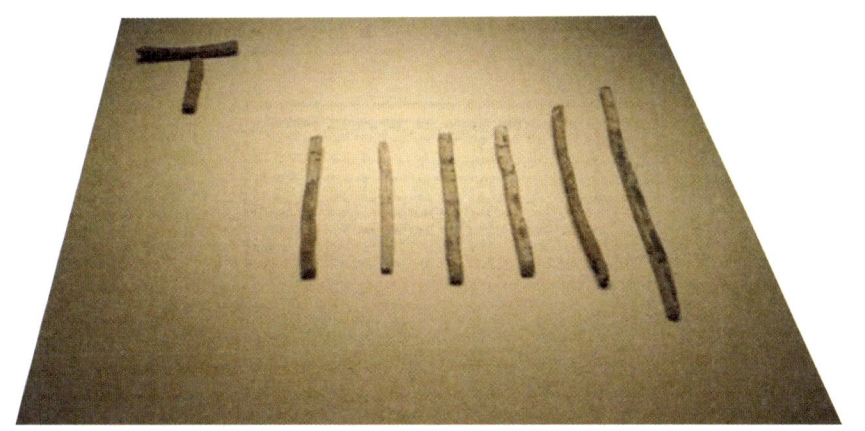

汉代铅字算筹

是 11 个数。就是说，每够 10 个数，每够 100 个数，都要向前进一位。"隶首又问："进位后，怎么能记得下？"风后接着说："这好办，进位后，再画个记号。比如，10 个数后面划个圈（10）；100 个数后面画两个圈（100）；1000 个数后面划三个圈（1000）；10000 个数后在画四个圈（10000）。这就叫个、十、百、千、万。"隶首于是回家做了一个大泥盘，把人们从龟肚子里挖出来的白色珍珠捡回来，给每颗打眼。每 10 颗一穿，穿成 100 个数的"算盘"。然后在上边写清位数，如十位、百位、千位、万位。从此，记数、算账再也用不着那么多的石片了。

以前在民间，认字的人不多，但只要懂得了算盘的基本原理和操作规程，人人都会使用，所以，算盘在古代中国民间很快广泛流传和被应用。

随着算盘的使用，人们总结出许多计算口诀，使计算的速度更快了。这种用算盘计算的方法，叫珠算。珠算有对应四则运算的相应法则，统称珠算法则。相对一般运算来看，熟练的珠算不逊于计算器，尤其在加减法方面。用时，可依口诀，上下拨动算珠，进行计算。到了明代，珠算不但能进行加减乘除的运算，还能计算土地面积和各种形状东西的大小。

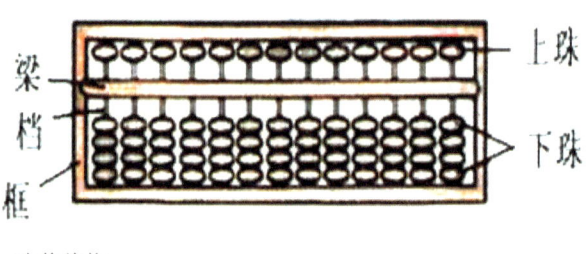

珠算结构

由于算盘制作简单，价格便宜，珠算口诀便于记忆，运算又简便，所以在中国被普遍使用，并且陆续流传到了日本、朝鲜、美国和东南亚等国家和地区。

现在，已经进入了电子计算机时代，但是古老的算盘仍然发挥着重要的作用。在中国，各行各业都有一批打算盘的高手。使用算盘和珠算，除了运算方便以外，还有锻炼思维能力的作用，因为打算盘需要脑、眼、手的密切配合，是锻炼大脑的一种好方法。

9. 驿道和驿站

中国古代道路可以分为驰道、驿道和栈道等种类，驿道是其中最重要的一种。驿道是中国古代为传车、驿马通行而开辟的交通大道。古驿道的叫法有多种，如"官道""栈道""盐道"等。驿道和山间小道最大的不同是经过人工修整，较为平坦，人马可行。历代统治者要传递公文、运输贡品、视察官员等，驿道的作用显得十分突出。古代交通不发达，信息闭塞，驿道承担着商品运输、平民出行、物产交易的职责，维系着民众的生计。驿道沿途按一定距离设置驿站。传车、驿马即是驿站备用的车辆和马匹。驿道是中国古代陆地交通主通道，同时也属于重要的军事设施之一，如著名的丝绸之路，古代的湖广驿道、南阳—襄阳驿道、青蒿驿道、梅关驿道等。

古代驿道的开辟，驿站的设置，主要是为了传递谕令、军情、文书，运送官差、粮秣、武器、装备、贡品和赏赐等物资，并为之提供运输工具和供应食宿。驿站是古代供传递官府文书和军事情报的人或来往官员途中食宿、换马的场所。中国是世界上最早建立组织传递信息的国家之一，邮驿历史虽长达三千多年，但留存的遗址、文物却并不多。其中，河北怀来的鸡鸣山驿，是中国仅存的一座较完整的驿城。

驿站使用的凭证是勘合和火牌。凡需要向驿站要车、马、人夫运

鸡鸣山驿

送公文和物品都要看"邮符"，官府使用时凭勘合，兵部使用时凭火牌。使用"邮符"有极为严格的规定。对过境有特定任务的，派兵保护；马递公文，都需加兵部火票；另沿途各驿站的接递如果要从外到达京城或者外部之间相互传递的，都要填写连排单。公文限"马上飞递"的需要日行三百里，紧急公文则标明四百里、五百里或者六百里字样，按要求时限送到。但不得滥填这种字样。驿站管理至清代已臻于完善，并且管理极严，若违反规定，均要治罪。到了清代末期，文报局开始与驿站相辅而行，继而驿站被废除。

驿站在中国古代运输中有着重要的地位和作用，在通信手段十分原始的情况下，驿站担负着各种政治、经济、文化、军事等方面的信息传递任务。中国古代驿站各朝代虽形式有别、名称有异，但大抵组织严密、等级分明、手续完备。封建君主依靠这些驿站维持着信息采集、指令发布与反馈，以达到封建统治控制目标的实现。受当时历史背景及古代科学技术发展水平的局限，信息传递的速度与数量与今无法相比，但其组织的严密程度、运输信息系统的覆盖水平并不亚于现代通信运输。

勘合

古时驿站周边往往车水马龙，热闹异常。现在中国的一些大城市，如辽宁省省会沈阳，就是从古代驿站起家而发展起来的。

10. 轿子和马车

轿子，古代也称步辇、肩舆、檐子，是中国古代的一种特殊的交通工具。据史书记载，轿子的雏形远在夏朝时期就已经存在。但是直到唐朝，轿子除了帝王乘坐之外，一般还仅仅为妇女、老弱和身患疾病的官员所享用。作为一种交通工具，轿子得到普及是在宋朝，这一时期的轿子种类繁多。在著名的《清明上河图》中可见，繁华的北宋京城汴梁大街上有各类轿子。这些轿子虽然同汉唐时期的轿子大同小异，仍为两人抬，但选材精良，以硬木为主，上雕花纹飞龙，造型美观。

明清轿子

南宋时，轿子的使用进一步得到推广。到明朝中后期，连中小地主也"人人皆小肩舆，无一骑马者"。明清时期，轿子发展为四人抬或八人抬。王公贵族之所以越来越偏爱轿子，是因为坐在这种特殊的交通工具上，无车马劳顿之苦，安稳舒适。这时，轿子已成为一种比较普遍的重要交通工具。

古代的轿子，大致有两种形制，一种是不上帷子的凉轿，也叫亮轿或显轿；一种是上帷子的暖轿，又称暗轿。不同的官品，在轿子的形制、帷子的用料颜色等方面都有严格的区分。如明清时期的一般官吏，得用蓝呢或绿呢作轿帷，所以有"蓝呢官轿""绿呢官轿"之称。另外，轿子按其用途的不同，也有不同的名字：皇室王公所用的，称为舆轿；达官贵人所乘的，叫作官轿；人们娶亲所用的那种装饰华丽的轿子，则称为花轿。抬轿子的人有多有少，一般二至八人，民间多为两人抬便轿，官员所乘的轿子，有四人抬和八人抬之分。如清朝规定，三品以上大官可用银顶，皂色盖帏，在京城内四人抬，出京用八人。四品以下只准乘锡顶、两人抬的小轿。至于一般的地主豪绅，只能乘黑油齐头、平顶皂幔的轿子。此外，乘轿还有一些其他方面的规定，处处显示着封建社会森严的等级制度。

马车是中国古代的又一重要交通工具，在中国起码已有三千多年的历史。出土资料表明，商代的车大多为两马驾辕，至商末周初始见四马驾车。可见至商代，中国古代造车技术已相当成熟。周代的车与商车基本相同，但在结构上有所改进，如直辕变曲辀，直衡改曲衡，辐数增多，舆上安装车盖。在车马的配件上也更加完备，增加了许多商车上所没有的零部件。为求坚固，在许多关键部位都采用了青铜构件，如变木辖为铜辖，轭上包铜饰，并有一套用铜、铅、金、银、骨、贝和兽皮条等材料制成的饰件和鞍具，制作精美，名目繁多。

驾车的马也由商车的两匹增加到三匹、四匹甚至六匹。车驾二马

战车

的叫"骈"，车驾三马的称"骖"，车驾四马的名"驷"。西周至春秋战国时期可以说是中国古代独辀车发展的鼎盛时期，流行了上下近千年。这一时期的车，在构造和装饰方面远比商代车坚固、豪华，可以说已达到完美阶段。古代马车除作为战争工具外，主要为王公贵族出行服务，是权力与身份的象征。这种传统一直延续到清末，北方一些城市普通人家仍然不敢擅自乘用马车。

实际上，如果我们把中国商周时期的轮辐战车与欧亚、埃及和西亚的马车相比，会发现它们有许多相似之处，甚至一些细微的地方也一样。例如，东西方战车都使用辐式车轮，采用的技术都是揉木为轮，马衔、马鞭、弓形器的形制相似，对马车的维护方法也有相通之处；都是由上层统治阶级控制着马车的生产，都是统治阶级炫耀权力的工具；马车的使用都具有等级制度；等等。当然，东西方的马车也存在着一些差异，主要体现在马车的大小，车马器的质地、装饰上，这种差异是由东西方不同的地理环境、文化传统等因素造成的。

第二章
精湛工艺

Chapter II

Exquisite Craftsmanship

11. 玉器

　　玉是一种质地细密、色泽淡雅、温润光洁的"美石"，以玉制成的物品统称为玉器。中国是世界三大玉作中心之一，中国玉器有着悠久的历史传统和深刻的文化内涵，是中华民族物质文明史和精神文明史发展过程的见证。红山文化玉龙是迄今发现的中国最早的玉龙，红山玉龙飞腾表现出了红山玉器的工艺风格。"礼玉"是早期玉器中最重要的器物，"苍璧礼天，黄琮礼地"，故而出现了琮玉，神秘的良渚玉器纹饰更使人产生了无限的联想。此后又出现了殷墟的玉人之态与玉凤之姿，商代玉器纹饰更是神秘莫测。东周玉器产生了变革，造型多见复合类型，纹饰趋于图案化，风格奇巧且灵动，文化意蕴深厚。

　　夏商周是中国奴隶社会建立、繁荣和走向衰落的历史时期，中国古代礼仪制度得到确立，"铸鼎象物""比德于玉"等礼制规范构筑起青铜器、玉器的道德化、宗教化和政治化。璧、圭、琮、璋、琥、璜六种礼器成为上古时期重要的祭器和辨明贵族等级身份的显著标志。什么样的人用什么样的玉，什么场合用什么玉，都有严格的规定。玉

玉器——玉璜

的使用讲究名分地位，不得逾越或滥用。

　　春秋时期，出现大量和田玉质的玉器，礼器减少，佩饰增加。战国的组合玉佩最著名，湖北曾侯乙墓出土的镂空十六节玉佩造型生动，层次分明，各种动物栩栩如生，极具动感。此时的玉璧不仅纹饰精美，而且出现镂空和出廓玉璧，更加高贵；玉璜以兽首和龙首为主，璜身多饰谷纹、云纹、蒲纹。又新出现了玉带钩、玉剑饰、玉印章，玉龙造型从"C"形变为"弓"形，玉人翩翩起舞，镂空技术更加精湛。

　　汉代则是我国玉器发展史上又一高峰，汉玉纹饰亦真亦幻，"比德于玉"的思想不断深化与普及。器形有礼仪上用的璧、圭、琮、璜和璋，合称"五瑞"。汉代厚葬之风盛行，上至皇室，下至民间，无不极尽所能，其中最为盛行的是汉代皇室及诸侯王级以上官员的玉衣之制，形成了中华民族文明史中葬玉最豪华奢侈的一幕。

　　唐宋玉器逐渐生活化，外来文明影响了唐代玉器，世俗文化影响了宋代玉器。元代渎山大玉海有着离奇的来龙去脉与历史文化意义。明代玉器选料讲究，雕琢精美，层次分明，意境深远。明万历时，苏州有琢玉名匠陆子冈，所作玉器典雅精巧并富有特色，被称为"吴中绝技"，代表作是玉中瑰宝——合卺杯。

　　清代，特别是康乾盛世，玉器工艺十分发达，品种和产量均届各朝之冠，是古代玉器史最为昌盛的时代。乾隆时，打通了和田玉内运的道路，使优质的和田玉大量运进内地。清代尤重羊脂白玉，此外还有青玉、碧玉、黄玉、墨玉、翡翠、水晶、玛瑙等。在雕镂技法上，主要采用圆雕、镂雕、浮雕等技法，做工上追求精雕细作，艺术上追求写实逼真。清代玉器使用范围广泛，从皇家专用的典章用玉、宗教祭祀用玉、陈列用玉到各种文具、生活用具、佩饰等，几乎囊括了生活的各个方面。乾隆皇帝在推动清代玉器发展上贡献卓著。此时，琢玉工艺发展到了鼎盛时期，尤其是大型玉器的制作达到了空前的水平，

合卺杯

大禹治水玉山

制巍巍玉山,既"仿古"又"模外",如"大禹治水图"玉山,不惜工本、人力和时间,动用数千人,耗时十年方告完成,成为世界上最大最重的玉器瑰宝。此玉山高 224 厘米,宽 96 厘米,底座高 60 厘米,重达 5350 千克。仿古玉是清代非常重要的成就,不仅造型仿古,而且连土沁色也伪作,几乎达到乱真地步。

中国人崇尚玉的观念举世无双,因为玉器之美不仅在于它的材质之美,而且在于它的造型之美、雕琢工艺之美和内在意蕴之美。这种人文美使玉超越了"山岳精英"的自然属性,包蕴了中国人的精神。

总而言之,中国有玉的历史远远长于五千年文明史,崇玉、礼玉、赏玉、藏玉的传统观念已根深蒂固,玉被视为权力、地位、财富、尊严和占有的象征。

12. 漆器

漆器是以生漆为主要原料，配以各种色泽，经过髹涂或彩绘，使之牢固耐用或美观的器物，具有体轻、易洗、无异味、隔热、抗酸、耐腐蚀的特性。生漆是自然界生长的漆树被割后，从割口流出的、黏性很强的液体。早在新石器时代，古人便已发现漆树的这一自然特性，将漆液调合着红、黑矿物原料，涂抹、彩画木器和陶器，中国成为世界上最早用漆的国家。据有关资料记载，在4200多年前的夏禹时代，先民已经能制造漆器了。战国时漆器生产规模已经很大，官府设专人管理。据记载，庄子年轻时曾经做过管理漆园的小官。历经商周直至明清，中国的漆器工艺不断发展，达到了相当高的水平。

中国古代漆器艺术源远流长，它可能从木构建筑的防腐保护起步，进而进入对生活器具的彩妆；从简单的涂朱抹黑，到有意识的构图彩绘；从最初对信手拿来的木胎、陶胎的装饰，到有意识地对竹胎、皮胎、

汉代漆器双龙纹小盘

夹纮胎、铜胎，甚至瓷胎的创新；从简单的勾勒绘彩，到剔犀、雕琢、金银镶嵌和平脱；等等。一部漆器艺术史也是工艺技术不断创新的发展史。

汉代，漆器作为日用器具日渐普遍，成为漆器的鼎盛期。唐代漆器工艺水平空前，有稠漆堆塑成凸起花纹的堆漆器；有用贝壳裁切后施以线雕，漆面上镶嵌成纹的螺钿器；有用金、银花片镶嵌而成的金银平脱器等。工艺超越前代，镂刻錾凿，精妙绝伦，成为后世漆器的典范。宋元的漆器基本承袭前朝，除剔红外还有剔犀和戗金器名品，大都形制古朴素雅、纹饰简约怡人。

元代漆器成就最高的是雕漆，漆料堆叠肥厚，用藏锋的刀法刻出丰硕圆润的花纹，淳朴却又精致，富有质感。例如，北京故宫博物院收藏的张成造栀子纹剔红圆盘、安徽省博物馆收藏的张成造朱线剔犀盒等均为难得的珍品。

栀子纹剔红圆盘

朱线剔犀盒圆盘

到了明、清两代，中国漆器发展到了全盛时期。漆工艺与建筑、家具、陈设相结合，并由实用转向陈设装饰领域，进入了以斑斓、复饰、填嵌、纹间等技法为基本工艺的千变万化的新时代。明代雕漆，初以嘉兴（今浙江省嘉兴市）西塘张成、杨茂为榜样，云南大理为另一雕漆产地，名漆工现仅知王松一人。

清代，除宫廷设有漆器工场外，民间漆器也普遍发展。福州以脱胎漆器为主，著名匠师有沈绍安；广东以描金漆器、螺钿漆器为主；阳江漆器多实用器物，以牛皮做胎，质轻、耐潮、防水、坚固耐用；北京以雕漆为主；贵州大方漆器以马皮做胎，彩色填漆，独具风格。

中国的漆器技术在很早的时候就已经传到国外，如朝鲜、日本、蒙古、缅甸、印度、柬埔寨等中国附近的亚洲国家，成为亚洲各国的一门独特手工艺。中国古代的漆器经过阿拉伯人、波斯人的西传，逐渐传入欧洲各国。受到热烈欢迎。公元 18 世纪，欧洲各国成功仿制了中国的漆器。

13. 明清家具

中国的木器家具，也和陶瓷玉器一样有着悠久的历史。汉魏以前，中国人的起居方式为席地而坐，所以家具一般都形体较矮。自南北朝开始，受佛教的传入、跪坐观念的淡薄、衣饰的变化及民族交流等多种因素的影响，人们开始垂足坐，凳、扶手椅等高足家具随之产生。不过，人们千百年来形成的传统生活方式尚未完全改变，隋唐五代时期，垂足坐的休憩方式才逐渐普及，但席地坐的习惯亦未绝迹，故而这时高低型家具并存。宋代以后，垂足坐才完全代替了席地坐的生活方式。高型家具经过宋、元两朝的普及发展，到明代中期，已取得了很高的艺术成就，家具艺术进入成熟阶段，"明式家具"就此诞生。在海外，人们把明式家具比喻为"东方艺术的一颗明珠"。

明代家具

　　明式家具使用的木料通常为紫檀木、黄花梨木、鸡翅木、铁力木、楠木、榉木、胡桃木等。明式家具以展现木材的天然色泽和纹理以及木结构楔接为主要特色。造型上基本分为束腰和无束腰两种。造型、装饰上不求繁复，注重各部构件的比例尺度，特别注意与人体各部位的密切关系（这早在宋朝家具上就体现出来），其制作之精巧，一线一面皆严谨准确，艺术品位不同凡响。

　　明式家具主要采用木架构造的形式，造型简洁、单纯、质朴，并强调家具形体的线条形象，在长期的形成、发展过程中，确立了以"线脚"为主要形式的造型手法，体现了明快、清新的艺术风格。同时，明式家具不事雕琢，装饰洗练，充分地利用和展示优质硬木的质地、色泽和纹理的自然美；加上工艺精巧，加工精致，明式家具显得格外隽永、古雅、淳朴、大方。明式家具比例的适度和谐，体现了完美的尺度与人体功学的科学性；合理、巧妙的榫卯结构和加工工艺，都充分地反映了"明式"的卓越水平。

清代中期，可以说是中国古代家具发展的巅峰，这个时期的家具在用材及总体尺寸上都较明代家具有了很大变化。装饰的华丽程度也大大超过了明式家具，清式家具在制作技法与装饰表现手法上主要采用的是镶嵌、雕刻及彩绘等，所体现出的稳重、精致、豪华、艳丽的风格，和明式家具的朴素、大方、优美、舒适的风格形成鲜明的对比。如果说明代家具突出木质本身的优美纹理，那么清代家具更多的是体现了人为的修饰特点。清代家具在造型上强调稳定、厚重，在装饰上大量采用隐喻丰富的祥瑞题材，以体现人们对幸福生活的追求。

14. 汉服

汉服即汉族传统民族服饰的简称，又称为汉装、华服，主要是指清代以前，在文化发展和民族交融过程中形成的汉族服饰。这种服饰到了汉朝已全面完善并普及，汉人汉服由此得名。

汉服的主要特点是交领、右衽、宽袖、束腰，用绳带系结，也兼用带钩等，给人洒脱飘逸的印象。这些特点都明显有别于其他民族的服饰。

汉服有礼服和常服之分。从形制上看，主要有"上衣下裳"制（裳在古代指下裙）、"深衣"制（把上衣下裳缝连起来）、"襦裙"制（襦，即短衣）等类型。其中，上衣下裳的冕服为帝王百官最隆重正式的礼服，袍服（深衣）为百官及士人常服，襦裙则为妇女喜爱的穿着。普通劳动人民一般上身着短衣，下穿长裤。配饰头饰是汉族服饰的重要部分之一。古代汉族男女成年之后都把头发绾成发髻盘在头上，以笄固定。男子常常戴冠、巾、帽等，形制多样。女子发髻也可梳成各种式样，并在发髻上佩戴珠花、步摇等各种饰物，博鬓，也有戴帷帽、盖头的。

汉族人装饰还有一个重要特征就是喜以玉装饰。

从朝代上看，汉服男装的式样基本有两种。一是自古传下来的大襟、右衽、交领、宽袍大袖、博衣大带的式样（秦汉服饰为代表），延续了商、周（春秋战国）、秦、汉、三国、两晋、南北朝、隋、唐、五代、宋、元、明，并影响了日本、朝鲜等国。日本和服最常见的式样就是这种。二是自隋唐开始盛行的圆领衫，延续了唐、五代、宋、元、明，也流传到了日本、朝鲜等国。女装在早期和男装类似，后来则以襦裙为主。

汉族各朝服饰各有特色，但主体部分都大同小异。西汉的深衣和明朝的汉服基本式样是相同的，只是在一些细节上有所不同。

春秋战国时期，服饰大致沿袭商代的服制，略有变化。衣服的样式比商代略宽松，衣袖有大小两式，领子通用矩领，没有纽扣，一般在腰间系带，有的在带上还挂有玉制的饰物。秦尚黑，所以秦的服饰标准色是黑色。但式样依然是大襟、右衽、交领，基本沿袭战国时期。

汉代的男子服装样式，大致分为曲裾、直裾两种。曲裾，即为战国时期流行的深衣，汉代仍然沿用，但多见于西汉早期。秦汉时期曲裾深衣不仅男子可穿，同时也是女性着装中最为常见的一种服式，这种服装通身紧窄、长可曳地，下摆一般呈喇叭状，行不露足。衣袖有宽窄两式，袖口大多镶边。衣领部分很有特色，通常用交领，领口很低，以便露出里衣。如穿几件衣服，每层领子必露于外，最多的达三层以上，时称"三重衣"。汉代的直裾男女均可穿，但不能作为正式的礼服，原因是古代裤子皆无裤裆。这种无裆的裤子穿在里面，如果不用外衣掩住，裤子就会外露，这在当时被认为是不恭不敬的事情，所以外面要穿着曲裾深衣。之后，随着服饰的日益完备，裤子的形式也得到改进，出现有裆的裤子，由于内衣的改进，曲裾绕襟深衣已属多余，所以至东汉以后，直裾逐渐普及，并替代了深衣。

长沙马王堆出土汉代服装

魏晋南北朝时期，男子的服装极具时代特色，一般都穿大袖翩翩的衫子。这种衫子为各阶层男子所爱好，成为一时的风尚。魏晋时期妇女服装承袭秦汉的遗俗，在传统基础上有所改进，一般上身穿衫、袄、襦，下身穿裙子，款式多为上俭下丰，衣身部分紧身合体，袖口肥大，裙为多折裥裙，裙长曳地，下摆宽松，从而达到俊俏、潇洒的效果。

唐代，官吏除穿圆领窄袖袍衫之外，在一些重要场合，如祭祀典礼时仍穿礼服。礼服的样式，多承袭隋朝旧制，头戴介帻或笼冠，身穿对襟大袖衫，下着围裳、玉佩等。襦裙是唐代妇女的主要服式。在隋代及初唐时期，妇女的短襦都用小袖，下着紧身长裙，裙腰高系，一般都在腰部以上，有的甚至系在腋下，并以丝带系扎，给人一种俏丽修长的感觉。中唐时期的襦裙比初唐的较宽阔一些，其他无太大变化。

中国自古就被称为"衣冠上国、礼仪之邦"，而"衣冠"便成了

唐代女装

文明的代名词。在漫长的历史中,"汉服"逐渐成为汉人自我认同的
文化象征。满族入主中国之后,为了在文化上打击汉民族的自尊心,
下令在全国推行剃头改服的制度,使汉族人的服装面貌产生了重大的
变化,将延续了三千年的汉民族冠冕衣裳送进了历史。

汉服文化以其独特的魅力,在中国服饰史上写下了灿烂的篇章,
至今仍吸引着世人赞叹的目光。

15. 旗袍

旗袍,是民国时期中国妇女穿着的一种带有传统风格的长衫,其
式样从满族妇女的长袍演变而来,由于八旗子弟自称为"旗人",因
此称旗袍。改良后的旗袍诞生于 20 世纪初叶,30 年代发展到巅峰。
全世界家喻户晓的旗袍,被称作 Chinese dress 的旗袍,实际上正是指
这一时期的旗袍,这是旗袍的黄金时代,旗袍很快从发源地上海风靡
全国,几乎成为中国女性的标准服装。后由于上海一直崇尚海派的西
式生活方式,以致出现了"改良旗袍",从遮掩身体的曲线到凸显玲
珑的女性曲线美,使旗袍彻底摆脱了旧有模式,成为中国女性独具民

旗袍

旗袍

族特色的时装之一。用中国最传统的布料——丝绸、锦缎等，做成最中国的服装——旗袍，穿在发髻高挽、身段窈窕的中国女子身上，以其流动的旋律、潇洒的画意与浓郁的诗情，表现出近代中国女性的贤淑、典雅、性感、清丽，诠释着20世纪上半叶的中国城市女性特有的时尚气质。那种东西方审美观的完美结合，令人叹为观止，因此旗袍成为中国永恒的时装经典，被誉为近代中国女性时装的代表。

旗袍的样式很多，开襟有如意襟、琵琶襟、斜襟、双襟；领有高领、低领、无领；袖口有长袖、短袖、无袖；开衩有高开衩、低开衩；还有长旗袍、短旗袍、夹旗袍、单旗袍等。旗袍款式的变化主要是袖式、襟形的变化。经过20世纪上半叶的演变，旗袍的各种基本特征和组成元素慢慢稳定下来。旗袍成为一种经典女装。经典相对稳定，而时装千变万化。但时装设计师常从经典的宝库中寻找灵感，旗袍也是设计师灵感的来源之一。

旗袍的外观特征一般是右衽大襟的开襟或半开襟形式，立领盘纽、摆侧开衩，单片衣料、衣身连袖的平面裁剪等。开衩只是旗袍的很多特征之一，不是唯一的，也不是必要的。满族旗装大多采用平直的线条，衣身宽松，两边开衩，胸腰围度与衣裙的尺寸比例较为接近，在袖口领口有大量盘滚装饰，是精细的手工制作，适用各种刺绣、镶嵌、滚边等工艺。近代旗袍则进入了立体造型时代，衣片上出现了省道，腰部更为合体并配上了西式的装袖，旗袍的衣长、袖长大大缩短，刺绣精细，式样简洁合体的线条结构代替了精细的手工制作。

旗袍是近代兴起的中国女性的传统时装，并非正式的传统民族服装。它既有沧桑变幻的往昔，更拥有焕然一新的现在。旗袍本身就具有一定的历史意义，加之可欣赏度比较高，因而富有一定收藏价值。现在穿旗袍的女性虽然较少，但现代旗袍中不少地方仍保持了传统韵味，同时又能体现时尚之美，所以也具有一定的收藏价值。

16. 折扇

折扇，古称聚头扇，或称为撒扇、折叠扇，以其收拢时能够二头合并归一而得名。这是一种用竹木或象牙做扇骨、韧纸或绫绢做扇面的能折叠的扇子，用时需撒开，成半规形，聚头散尾。一把折扇主要由扇骨、扇页和扇面三部分构成。普通的折扇，一般用竹木做扇骨，韧纸做扇面。讲究一点的，扇面上还要题诗作画。高级的折扇，扇骨和扇叶往往用玳瑁制作，有的还要雕刻出各种纹饰，扇面也大多带有名人的字画。

宋代之前，折扇就已经出现，但并不流行。到了宋代，折扇的生产已有相当规模。折扇盛行于明代，皇帝下诏命宫内工匠仿制高丽扇，吸收外来工艺精华。明清是折扇发展鼎盛期，用料贵重，制作精湛，扇骨上采用了各种艺术的表现手法，深得人们喜爱。这种特殊的艺术形式，在不足盈尺的扇面上经丹青高手巧运匠心、精心布局，或山水花鸟，或人物动态，无不能小中见大，表现出美的情致和神韵。

最初，宫中也不过使用竹骨茧纸薄面折扇而已，后来朝廷定制，每年需进献名贵折扇于御前，这种习尚，在明代宫廷中，日盛一日。折扇所用材料，越选越精，极奇穷巧。扇骨有用象牙、玳瑁、檀香、沉香、棕竹以及各种木料的。工艺则有螺钿、雕漆、漆上洒金、退光洋漆等。这些折扇骨都刻有各种花样，备极奇巧。

明永乐帝开始主导折扇潮流，他命人大量制作折扇，并在扇面上题诗赋词，分赠于大臣。一时折扇大贵，成为一种时尚。文人雅士学着互赠题字折扇，表喻友情别意。手持折扇，成为当时生活中高雅的象征。

折扇风潮久盛不衰。在清代，折扇随处可见，发展登峰造极。

明清时，在折扇生产地江南一带，出了很多名士，他们的风流才

百骨扇

情，与折扇有着丝丝缕缕的关系。他们所营造出的江南如水的文化氛围，表现出柔情氤氲的诗画美境，以折扇为媒介，流传于皇宫、府第、闺室、民间乃至海外。而折扇也因了这些美画佳句身价百倍。

根据制作材料和方法的不同，这些折扇命名也不一样。扇骨多而轻细的，叫春扇或者秋扇；以香料涂抹扇面的，叫香扇；可以藏在靴子中，以备旅途中使用的，叫靴扇；更有一种以各色漏地纱为扇面，可以隔扇窥人的，叫瞧郎扇；还有一种左右可以打开，制成三层扇面，中间一层画着春宫画的，叫三面扇。此外，根据制作式样、产地和制作人不同，有黄扇、曹扇、潘扇、川扇、青阳扇等等。折扇的附属装饰品，是扇坠，往往根据材料质地分为不同品级。

相传制作折扇历史最久远的，是杭州的芳风馆。这家世代以制售折扇为业，发家致富后在杭州城内构置一处别墅，花木竹石，十分精幽。

其制作的小巧折扇，称"百骨扇"，扇骨可达一百之多，但一点儿不显厚大，颜色古润苍细，是折扇中的传世古物。此外，成都、南京等地的折扇制造也很有名。

通行的说法认为，折扇是由日本传入中国的。来到中国的日本折扇，很快地在宋代的朝廷和文人学士中间广泛流传，博得了文学艺术家们的一致好评。最先接触到日本折扇的浙江匠师们很快地吸收了日本折扇艺术上的长处，并利用棕竹、湘妃竹、象牙、黄杨木、檀香木等为扇骨进行制作，在两边的扇柄上镌刻诗词字画、人物、花鸟、山水等，扇柄下还饰以玉坠或彩色丝绒编结而成的流苏，创造了具有中华民族独特艺术风格的折扇，给世界留下了宝贵的艺术财富。如今，中国是世界上折扇最大的生产国和出口国。

17. 文房四宝

"文房"之名，起于中国历史上南北朝时期，专指文人书房而言，其中，笔、墨、纸、砚是文人书房中必备的四件宝贝，从而被人们誉为"文房四宝"。中国古代文人基本上或能书，或能画，或既能书又能画，所以日常是离不开笔墨纸砚这四件宝贝的。

笔是文房必不可少的书写工具。在林林总总的笔类制品中，毛笔可算是中国独有的品类了。传统的毛笔不但是古人必备的文房用具，而且在表达中华书法、绘画的特殊韵味上具有与众不同的魅力。不过由于毛笔易损，不好保存，故留传至今的古笔实属凤毛麟角。墨给人的印象似稍显单一，但却是古代书写中不可或缺的用品。借助于这种独创的材料，中国书画奇幻美妙的艺术意境才能得以实现。墨的世界并不乏味，而是内涵丰富。作为一种消耗品，墨能完好如初地呈现于今者，当十分珍贵。纸是中国古代四大发明之一，为历史上的文化传播立下了卓著功勋。即使在机制纸盛行的今天，某些传统的手工纸依

端砚

湖笔

然体现着它不可替代的作用，焕发着独有的光彩。古纸在留传下来的古书画中尚能一窥其貌。砚，也称"砚台"，被古人誉为"文房四宝之首"。因为墨须加水发磨始能调用，而发墨之石则是砚。其中有陶、泥、砖瓦、金属、漆、瓷、石等，最常见的还是石砚。可以作砚的石头极多，产石之处，必然有石工，所以产砚的地方遍布全国各地。湖笔、徽墨、宣纸、端砚为文房四宝之上品，代表了中国数千年来文房用具的发展水平和能工巧匠们的创造智慧与艺术才能，是文房用具中的瑰宝。

文房用具除四宝以外，还有笔筒、笔架、墨床、墨盒、臂搁、笔洗、书镇、水丞、水勺、砚滴、砚匣、印泥、印盒、裁刀、图章、卷筒等等，都是书房中的必备之品。

18. 中国结

中国结，全称"中国传统装饰结"，是用一根丝线编结而成的带有吉祥图案的饰物，也是中国特有的民间手工编织工艺品。它不仅造型优美，色彩多样，具有独特的东方神韵，同时作品的命名雅致有趣，如"万事如意""福寿双全""凤麟呈祥""吉庆有余""鲤跃龙门"等，既是吉祥美满的象征，又饱含千情万意的祝福。中国结所显示的情致与智慧，是中华古老文明的一个缩影，它由旧石器时代的缝衣打结，推展至汉朝的仪礼记事，再演变成今日的装饰手艺。周朝人随身佩戴玉常以中国结为装饰，战国时代的铜器上也有中国结的图案，延续至清朝，中国结才真正成为流传于民间的艺术。当代多用于装点室内、亲友间馈赠及个人随身装饰。正因其外观对称精致，可以代表汉族悠久的历史，符合中国传统装饰的习俗和审美观念，故命名为中国结。

中国结始于上古先民的结绳记事，东汉郑玄《周易注》记载："结绳为约，事大，大结其绳；事小，小结其绳。"在战国时期铜器上所

中国结

见的数字符号上都还留有结绳的形状。可见，结绳最早是为记载历史事件，承担着传播文明的责任。

随着文字的出现，中国结已经不再是纯粹的记事工具，而是逐渐演变成为一种装饰品。由于古代没有像今天一样的纽扣、拉链等，所以系衣服多借助衣带打结之法。据史料记载，在周朝，中国结也被称为"绶带"，是人们佩戴玉饰常用的装饰。到了汉代，中国结成为仪礼用品，而且还根据职官品级来佩戴。

中国结不仅兼具造型、色彩之美，而且皆因其形意而得名，如盘长结、藻井结、双钱结等，体现了中国古代的文化信仰及浓郁的宗教色彩，表达着人们追求真、善、美的良好的愿望。有一种表达相爱情愫的中国结，被命名为"同心结"。

中国结可以说兴于唐代，盛于明清。在唐代，中国结使用非常普遍，而且结的形状也多种多样，如"同心结""蝴蝶结"等。在永泰公主墓的壁画中有一位仕女腰带上就有蝴蝶结。在此期间，也留下了很多歌颂中国结的诗词等文学作品，其中最具代表性的是孟郊的《结爱》：

盘长结

双钱结

"心心复心心，结爱务在深。一度欲离别，千回结衣襟。结妾独守志，结君早归意。始知结衣裳，不知结心肠。坐结亦行结，结尽百年月。"

到了明清时期，中国结发展成为民间艺术，式样既多，花样也巧，如祥云结、盘长结、如意结、铜钱结、双钱结等，并且用途也非常广泛，如香囊、玉佩、发簪、扇坠、帐钩、窗帘、眼镜袋，以及官服背后的"盘扣"等都用到了中国结。当时，人们也常将中国结用于赠亲送友，以表达自己的祝福之意。

斗转星移，数千年弹指一挥间，如今，中国结不仅是广泛流传的传统民间艺术品，而且已成为代表喜庆的吉祥物。随着科学技术的发展，中国结所用的新材质不断出现，如涤纶线、锦纶线、丝线等，这些材质可以长久保存，而被赋予了更多色彩和造型之后的中国结饰品所包含的意义，对美好事物的祈愿、对亲友的纪念和怀念之情，都使原本简单的饰品变得不凡。

19. 民间工艺

民间工艺在中国五千多年的文明史中，占据着重要的位置，具有强大的生命力和鲜明的特色。民间工艺种类繁多，如剪纸、刺绣、印花布、蜡染、风筝、木刻、皮影、泥塑、年画等等。这些民间工艺有的是以日常生活用品为主，所以在设计制作的时候很注重其实用性；而结合婚嫁喜事和传统节令风俗的民间工艺品，则表现出强烈的装饰性。其中，剪纸和刺绣是中国民间工艺中的优秀代表。剪纸是一种镂空艺术，用来裁减的材料可以是纸张、金银箔、树皮、树叶、布、皮、革等片状材料。剪纸是中国最古老的民间艺术之一，许多地方逢年过节，婚丧嫁娶，乡民都会自备剪纸点缀墙壁、门窗、房柱、镜子等处，以祈祷福寿，表吉祥如意之意。我国各地都能见到剪纸，甚至形成了不同地方风格流派，比较著名的有高密剪纸、佛山剪纸等等。总体而论，北方剪纸粗犷豪放、淳朴简练，南方剪纸则更秀雅繁茂、精致和美。 其中不乏群众喜闻乐见的题材，像八仙过海、百年好合、麒麟送子、老鼠嫁女……

剪纸手工艺约在公元 6 世纪就已经出现。唐代，以剪纸招魂的风俗就已在民间流传，此时剪纸手工艺术水平已极高，画面构图完整。宋代造纸业成熟，纸品名目繁多，为剪纸的普及提供了条件。如成为民间礼品的"礼花"，贴于窗上的"窗花"，或用于灯彩、茶盏的装饰。宋代民间剪纸的运用范围逐渐扩大，江西吉州窑将剪纸作为陶瓷的花样，通过上釉、烧制使陶瓷更加精美；民间还采用剪纸的形式，用驴、牛、马、羊等动物的皮雕刻成皮影戏的人物造型。明清时期剪纸手工艺术走向成熟，并达到鼎盛。民间剪纸手工艺术的运用范围更为广泛，举凡民间灯彩上的花饰，扇面上的纹饰，以及刺绣的花样等等，无一不是利用剪纸作为装饰再加工制成的。除此以外剪纸更多的是作为装饰家居的饰物，美化居家环境，如窗花、柜花、喜花、棚顶花等都是用来装饰门窗、房间的剪纸。除南宋以后出现的纸扎花样工匠外，中国民间剪纸手工艺主要还是在农村妇女中广为流传。女红是中国传统女性的必修课，剪纸作为女红之一，也就成了女孩子们从小就要修习的技艺。她们从前辈或姐妹那里要来各种花样的剪纸，通过临剪、重剪、画剪描绘自己熟悉而热爱的自然景物，如鱼虫鸟兽、花草树木、亭桥风景，并最终达到随心所欲的境界，信手剪出新的花样来。中国民间剪纸手工艺术，犹如一株常春藤，古老而长青，以其特有的普及性、实用性、审美性成为符合民众心理需要的象征。

刺绣，古称针绣，是用绣针引彩线，按设计的花纹在纺织品上运针，以绣迹构成花纹图案的一种工艺。刺绣是中国古老的手工技艺之

剪纸

一，湖北和湖南出土的战国、两汉的绣品，水平都很高。唐宋刺绣施针匀细，设色丰富，盛行用刺绣作书画、饰件等。明清时封建王朝的宫廷绣工队伍规模庞大，民间刺绣也得到进一步发展，具代表性的有苏绣、粤绣、湘绣、蜀绣，号称"四大名绣"，各具风格，沿传至今，历久不衰。

　　苏绣历史悠久，宋代时已具相当规模，在苏州就出现有绣衣坊等生产集中的坊巷。明代苏绣已逐步形成自己独特的风格，影响较广。清代为鼎盛期，当时的皇室绣品，多出自苏绣艺人之手。苏州刺绣，素以精细、雅洁著称。图案秀丽，色泽文静，针法灵活，绣工细致，形象传神。技巧特点可概括为"平、光、齐、匀、和、顺、细、密"八个字。针法有几十种，常用的有齐针、抢针、套针、网绣、纱绣等。

刺绣（一）

刺绣（二）

绣品分两大类：一类是实用品，有被面、枕套、绣衣、戏衣、台毯、靠垫等；一类是欣赏品，有台屏、挂轴、屏风等。取材广泛，有花卉、动物、人物、山水、书法等。

粤绣，又称"广绣"。构图繁而不乱，色彩绚丽夺目，针步均匀，针法多变，纹理分明，善留水路。粤绣品类繁多，欣赏品主要有条幅、挂屏、台屏等；实用品有被面、枕套、床楣、披巾、头巾、台帷和绣服等。一般多作写生花鸟，富于装饰味，常以凤凰、牡丹、松鹤、猿、鹿以及鸡、鹅等为题材，混合构成画面。

湘绣，以湖南长沙为中心的刺绣品的总称。早期湘绣以绣制日用装饰品为主，以后逐渐增加绘画性题材的作品。湘绣的特点是用丝绒线（无拈绒线）绣花，劈丝细致，绣件绒面花型具有真实感。常以中国画为蓝本，色彩丰富鲜艳，十分强调颜色的阴阳浓淡，形态生动逼真，风格豪放。

蜀绣，又名"川绣"，是以四川成都为中心的刺绣品的总称。蜀绣以软缎和彩丝为主要原料。题材内容有山水、人物、花鸟、虫鱼等。针法经初步整理，有套针、晕针、斜滚针、旋流针、参针、棚参针、编织针等100多种。品种有被面、枕套、绣衣、鞋面等日用品和台屏、拜屏等欣赏品。蜀绣的特点是形象生动，色彩艳丽，富有立体感，短针细密，针脚平齐，片线光亮，变化丰富，具有浓厚的地方特色。

20. 中医中药

中国传统医学简称为"中医"。中医有着几千年悠久的历史，早在战国时期就出现了比较系统的医学理论著作《黄帝内经》。中医是世界上唯一没有中断过的医学体系，至今在治疗疾病方面仍发挥着重要的作用。

在医学理论上，中医虽然以人体为对象，但是它把人体看作是自然界整体的一部分，而不是孤立地去研究人体。因此，在其病理学说中，非常重视疾病与人体自身精神状态、生活状态以及外部环境，特别是气候变化的关系。在临床治疗中，它反对单纯的"头痛医头，脚痛医脚"，强调要掌握疾病出现的根本原因，针对不同的情况进行治疗。同时，它又把人体本身看作一个有机的整体，不是简单、孤立地研究疾病的症候，而是把各脏腑、经络、气血、津液等紧密地联系在一起，进行全面的考察。在用药方面，它讲究药物配伍的原则，即根据每个病人各自的特性，因人施药，并注意主治药物和辅助性药物的搭配。这些理论和原则，即使用现代科学观点和方法来加以考察，也是非常

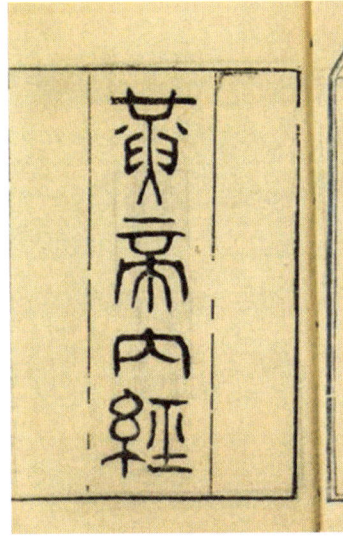
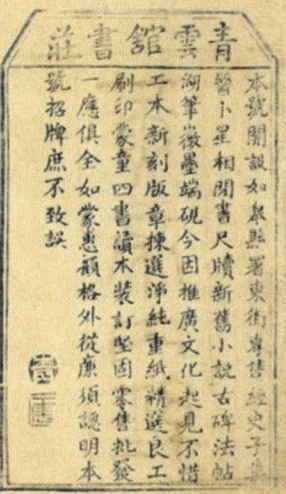

黄帝内经

深刻和具有积极意义的。

在中医不断发展的历程中，逐渐总结出一套独特的诊治方法，这就是"望、闻、问、切"。望，就是观察病人形体、脸色、舌体、舌苔，根据形色变化确定病位、病性，也称为望诊。闻，就是医生凭听觉和嗅觉辨别病人的声音和气味的变化测知病性的方法，也称为闻诊。问，就是通过询问病人和家属，了解疾病的发生与发展过程，以及目前症状及其他与疾病有关的情况，也称为问诊。切，就是切按病人的脉搏和触按病人的皮肤、手、腹部、四肢及其他部位以诊断疾病的方法，也称为切诊。在四种诊断方法中，切脉诊断是中医药学上一项独特的诊断方法。切脉诊断的应用表明，中国古代的医生已掌握了脉象与身体各部分的关系的知识，也就是关于心脏、血液与血管的关系，血流速度与人体健康的关系，呼吸和脉搏频率的关系等解剖生理学的知识。这种诊断方法很早就传到国外，除邻近的日本、朝鲜等，大约在 10 世纪时已传至阿拉伯国家，17 世纪时传至欧洲。

在治疗方面，中医主要采用针灸疗法。针灸疗法是中医的一种独特的医疗方法。其特点是治病不靠吃药，只是在病人身体的某个部位用针刺入，或用火的温热刺激烧灼局部，以达到治病的目的。前一种称作针法，后一种称作灸法，统称"针灸疗法"。根据古代医学经络学说，经络遍布人体各个部位，有运送全身气血，沟通身体上下、内外的功能。穴位则是经络系统的控制机关，刺激穴位可以起到调节经络系统的作用。针灸疗法非常神奇，其治疗效果也非常明显，许多外国学者因此称中国为"针灸的祖国"。

在药物方面，中国历代医学家对三千多种植物、动物、矿物的性能、功效、用法都有详细的研究和记载，并将这些植物、动物、矿物作为原料，配制成汤剂和丸、散、膏、丹等不同类型的成药。中国传统的药物，也被称为中药。

中医在不断地发展过程中，还保留了许多著名的医学著作。如成书于东汉时期的《神农本草经》，是世界上第一部药学专著，这比欧洲出现的药学书至少要早十六个世纪；东汉张仲景所著的《伤寒杂病论》，是世界上第一部临床医学专著，它比阿拉伯医学家阿维森纳所著的《医典》要早数百年；宋朝宋慈所著的《洗冤集录》，是世界上第一部系统的法医学专著；明朝李时珍所著的《本草纲目》，则被誉为"东方医学巨典"，先后被译成多种外文出版。这些医学著作使得中医能够代代相传，从未中断过。

在中医历史上，还出现了一些著名的医生，比如华佗、扁鹊、张仲景等等。其中，东汉时期的名医华佗，他是使用麻醉剂——麻沸散进行全身麻醉手术的第一人。国外直至1805年，日本的华冈青州才使用以曼陀罗花为主的麻醉剂，被誉为世界外科学麻醉史上的首创，但这比中国的华佗要晚得多。

中医是中国独特的医学体系，它对医学有着重要的贡献，有人甚至称它为"中国四大发明"之外的第五大发明。

21. 中医人物

中医历史悠久、源远流长，扁鹊、华佗、孙思邈、张仲景、皇甫谧、葛洪、朱震亨、李时珍、钱乙、叶天士十位著名的医学家对中医做出了杰出的贡献。

扁鹊

扁鹊　战国时医学家，其真实姓名是秦越人，又号卢医。据考证，他约生于周威烈王十九年（前407），卒于赧王五年（前310）。善用"针石""服汤""熨"等治病，所著《扁鹊内经》《外经》早佚。扁鹊善于运用四诊，尤其是脉诊和望诊来诊断疾病。《史记·扁鹊仓公列传》中记述了与他有关的两个医案：一个是用脉诊的方法诊断赵简子的病，一个是用望诊的方法诊断齐桓侯的病。

华佗

华佗　东汉末医学家，精内、妇、儿、针灸各科，外科尤为擅长，"麻沸散"的使用为世界医学史上最早之全身麻醉，他还发明了"五禽戏"。尤其"精于方药"，人们称他为"神医"。他曾把自己丰富的医疗经验整理成一部医学著作，名曰《青囊经》，可惜没能流传下来。华佗医术十分精湛，被后世尊为"外科鼻祖"。他不但精通方药，而且在针术和灸法上的造诣也十分令人钦佩。

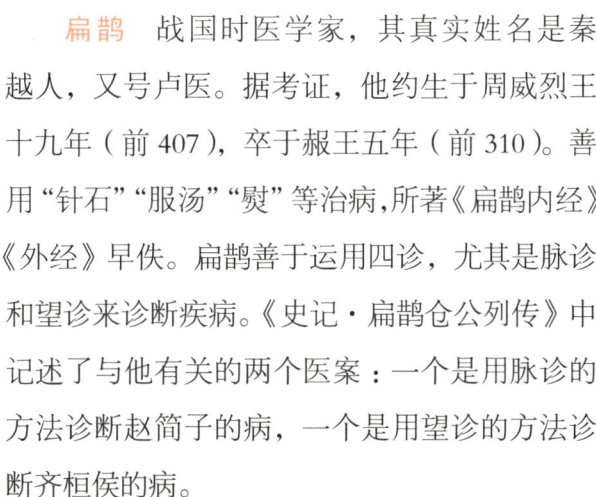

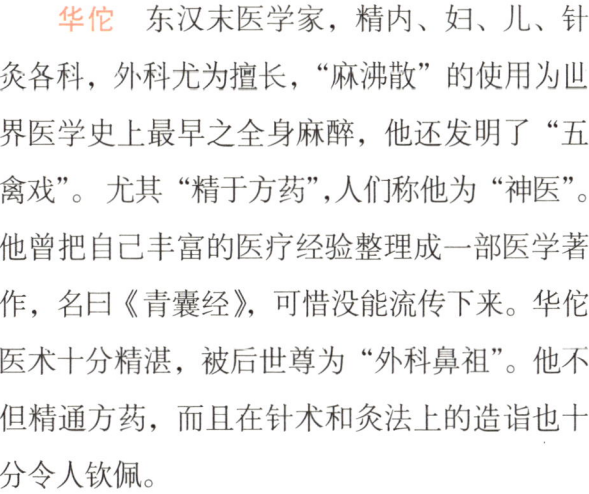

张仲景 名机，东汉南阳郡涅阳（今河南省南阳县人），约生于东汉和平元年（150），卒于建安二十四年（219）。东汉医学家，辞官业医，博采众方，著《伤寒杂病论》。《伤寒杂病论》确立了中国医学"辨证论治"的规律，奠定了中医治疗学的基础，是中国最早的一部理法方药具备的经典著作；同时在制剂学方面也有独到之处，对后世有深远的影响。因此，历代医家尊张仲景为"医圣"。《伤寒杂病论》至今仍指导着临床实践，也是医家必读。

皇甫谧 字士安，小时名静，晚年自称玄晏先生。魏晋医学家。西晋安定郡朝那（今甘肃灵台县朝那镇）人。其著作《针灸甲乙经》是我国第一部针灸学专著，总结了晋以前的针灸学成就，在针灸学史上占有很高的学术地位。另编撰有《帝王世纪》等。

葛洪 字稚川，号抱朴子，人称"葛仙翁"。东晋思想家、医药学家。晋丹阳句容县（今江苏省句容县）人。约生于晋太康五年（284），卒于东晋兴宁二年（364）。晚年，他隐居在广东罗浮山中，既炼丹、采药，又从事著述，直至去世。他还是一位鼎鼎有名的科学家，在医学和制药化学上有许多重要的发现和创造，在文学上也有许多卓越的见解。他的著作，约有五百三十卷。不过，大多已经散佚，流传至今的，主要有《抱朴子》和《肘后备急方》。葛洪的医学著作，据史籍记载，尚有《金匮药方》一百卷，《神仙服食方》十卷，《服食方》四卷，《玉函煎方》五卷。

孙思邈 唐代医药学家、道士，被后人尊称为"药王"。西魏大统七年（541），孙思邈出生于一个贫穷农民的家庭。他从小就聪明过人，长大后开始爱好道家老庄学说，隐居陕西终南山中，并渐渐获得了很高的声名。孙思邈十分重视民间的医疗经验，不断积累走访，及时记录下来，终于完成了他的著作《千金要方》。唐朝建立后，孙思邈接受朝廷的邀请，与政府合作开展医学活动。唐高宗显庆四年（659），完成了世界上第一部国家药典《唐新本草》。

钱乙　约生于宋明道元年（1032），他撰写的《小儿药证直诀》，是我国现存的第一部儿科专著，系统地总结了对小儿的辨证施治法，使儿科自此发展成为独立的一门学科。后人视之为儿科的经典著作，把钱乙尊称为"儿科之圣""幼科之鼻祖"。另著有《伤寒指徵》《婴孩论》等。

朱震亨　先习儒学，后改医道，在研习《素问》《难经》等经典著作的基础上，访求名医，受业于刘完素的再传弟子罗知悌，成为融诸家之长为一体的一代名医。朱震亨以为三家所论，于泻火、攻邪、补中益气诸法之外，尚嫌未备滋阴大法。力倡"阳常有余，阴常不足"之说，申明人体阴气、元精之重要，故被后世称为"滋阴派"的创始人。临证治疗，效如桴鼓，多有服药即愈不必复诊之例，故时人誉之为"朱一贴"。弟子众多，方书广传，是元代最著名的医学家。

李时珍　字东璧，号濒湖，湖北蕲州人。生于明武宗正德十三年（1518），卒于神宗万历二十一年（1593）。其父李言闻是当时名医。李时珍继承家学，尤其重视本草，并富有实践精神。李时珍三十八岁时，被武昌的楚王召去任王府"奉祠正"，兼管良医所事务。三年后，又被推荐上京任太医院判。

李时珍

因太医院被一些庸医弄得乌烟瘴气，李时珍在此只任职了一年，便辞职回乡。李时珍参考历代有关医药学术书籍八百余种，结合自身经验和调查研究，历时 27 年编成的《本草纲目》一书，是我国明代以前药物学的总结性巨著，在国内外均得到很高的评价，已有多种文字的译本或节译本。另著有《濒湖脉学》《奇经八脉考》等书。

叶桂　字天士，号秀岩，清代医学家。江苏吴县人，祖父叶时和父亲叶朝采都是当地的名医。叶桂幼时便随父亲学医，十四岁时，父亲去世，便又随父亲的一位姓朱的门人继续学习。他勤奋好学，聪颖过人，没几年，就超过了教他的朱先生，声名远播。他是中医学史上温病学派的创始人，对治奇经、脾胃、儿科等病尤为擅长，其著作《温热论》至今仍被临床医家推崇备至。尚有《叶氏医衡》《未刻本叶氏医案》。

22. 中华药典

中华医药文化源远流长，一代代中医在治病救人的同时，摸索出了实用性很强的医术验方，也留下了丰富的医学资料，据统计达 8000多种。限于篇幅，在此仅依朝代顺序对影响较大的中医药典籍资料做一概括介绍。

春秋战国时期

长沙马王堆三号汉墓出土的帛书中，有《足臂十一脉灸经》《阴阳十一脉灸经》《五十二病方》《导引图》等，就是春秋时期关于经脉、医方的专门著作。战国时期的名医扁鹊，曾写过《扁鹊内经》和《扁鹊外经》，可惜已失传。此时最著名的医学理论著作是《黄帝内经》。该书分 162 篇，以论述人体解剖、生理、病理、病因、诊断等基础理论为重点，兼及针灸、经络、卫生、保健等多方面，系统总结了当时已形成的脏腑经络学说，记载了全身十二正经、奇经八脉和全身经络、腧穴以及分布循行，叙述了 44 类、311 种病候。此外，还有一部堪与《黄帝内经》媲美的医学典籍《难经》。《难经》是后人假托扁鹊之名所撰，以问答的形式解释了 81 个疑难问题，故又称《八十一难经》。全书所述以基础理论为主，其中一至二十二难讲脉学，二十二至二十九难讲经络，三十至四十七难讲脏腑，四十八至六十一难讲疾病，六十二至六十八难讲腧穴，六十九至八十一难讲针法。《难经》明确地提出伤寒有五，即中风、伤寒、湿温、热病、温病，除此之外，对泻痢这一疾病也有所阐述。

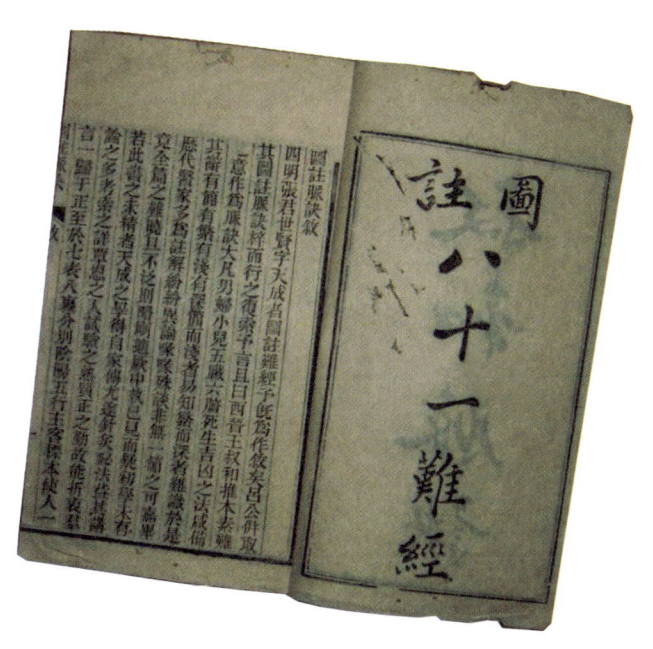

难经

秦汉魏晋南北朝时期

这个时期出现了一批著名的中医专家，如张仲景、华佗、王叔和等。在西汉时期成书的《神农本草经》，是我国现存最早的药物学专著。这部专著系统总结了自战国以来到西汉时期的药物学基本理论和药物知识，记载了植物药252种，动物药67种，矿物药46种，共365种。对各种药物的主要用途、产地都有详细记载，并依据性能和使用范围分为上、中、下三等。该书的作者还总结出了医方中主药与辅药之间"君、臣、佐、使"相配伍的原则和药物的"四气五味"之说，反映出当时医药学已经达到一定水平。

东汉时大医学家张仲景所著《伤寒杂病论》一书，是一部医学理论与实际治疗密切结合的临床医书。该书原著已佚，后由晋人王叔和整理成《伤寒论》和《金匮要略》两种。《伤寒论》10卷，391条，载药方113首，专论伤寒一类急性传染病；《金匮要略》6卷，25篇载

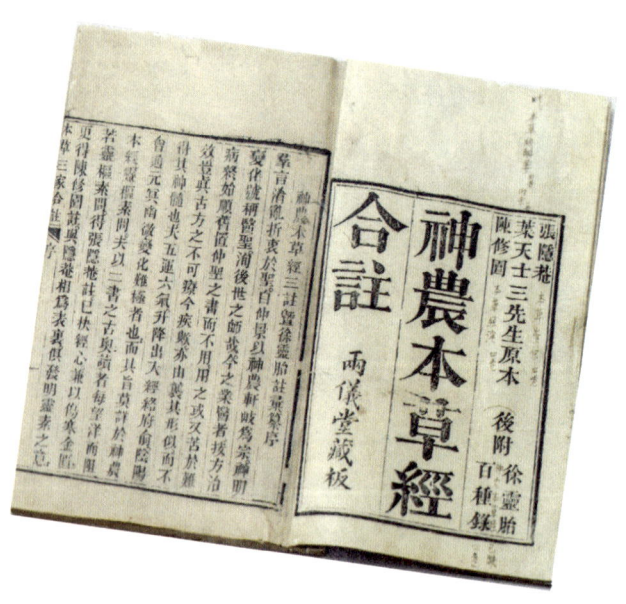

神农本草经

药方，262 首记述了内科、外科和妇科等杂病的诊断与治疗。这两种医书从辨症到拟方、用药环环相扣，简明而实用。晋代名医王叔和除整理《伤寒杂病论》外，还对脉学著作进行了系统研究，撰成了一部现存最早的脉学专著《脉经》10 卷，列举了 24 种脉象，对每种脉象都进行了简明扼要的概述。晋代的皇甫谧著有《针灸甲乙经》12 卷，集中叙述了针灸治疗技术。共记述单穴 49 个，双穴 300 个，一一指明了针刺深度、留针时间和艾针时间，是我国现存最早的针灸学经典著作。此外，西晋葛洪著有《肘后备急方》，南齐陶弘景著有《神农本草经集注》，都流传至今。《肘后备急方》以"肘后"命名，意指这部书篇幅很小，可随身携带，是一本急救手册。此书最大的成就是对各种急性传染病有了初步的认识。不少医例，开我国医学记录之先声。如以水渍青蒿汁治疟疾，对肺结核病、天花、恙虫病、急性黄疸性肝炎、急性淋巴管炎、急性淋巴结炎、急性乳腺炎等的病因、症状、治疗的记载等，都是医书记载中最早的。该书还提出了利用狂犬脑浆免疫狂犬病的方法，是免疫疗法的先驱。

隋唐宋元时期

隋唐两代的重要中医典籍有隋朝巢元方的《诸病源候论》、杨上善的《黄帝内经太素》，唐朝王冰的《黄帝内经素问补注释》等，而最有影响的是医圣孙思邈的《千金翼方》《千金要方》，这两部著作常被合并简称为《千金方》。书中含有 5300 多个药方，介绍了 800 多种药物，并首次提出设立专门的妇科和儿科。该书在一般病症的治疗方面也有很多独到之处，如用昆虫、海藻、羊的甲状腺等配方，治疗碘缺乏造成的甲状腺肿大，用杏仁、谷皮、蜀椒等治疗脚气病，都很有疗效。

唐代非常重视医学教育，开创了世界最早的大型医学专科学校——太医署，编撰颁行了世界上第一部国家药典——《新修本草》

（又名《唐本草》）。该书共53卷，包括本草、药图、图经三部分，载药850种。唐至五代十国时期的医药学专著还有王焘的《外台秘要》40卷，蔺道人的《仙授理伤续断秘方》1卷，昝殷的《经效产宝》等。此外，李亮、李修父子的《药方》，李密的《药录》，许澄的《备急单要方》，崔元亮的《海上集验方》，崔行功的《崔氏纂要方》等也很有名，但都因年代久远而失传了。

宋元时期由于印刷术的进步，医学药典的种类和数量大为增加。专录药方的有官修的《太平圣惠方》《圣济总录》《太平惠民和剂局方》，私修的《苏沈良方》《史载之方》近百种；诊断方面的专书有崔嘉彦的《脉诀》、朱震亨的《脉诀指掌病式图说》；妇科方面有陈自明的《妇人大全良方》；儿科方面有钱乙的《小儿药证直诀》、陈文中的《小儿病源方论》、许希的《神应针经要诀》；专门研究伤寒病的有庞安时的《伤寒病总论》、朱肱的《伤寒百问》等。与前相比，不仅分科细致完善了，并且形成了具有不同理论特色的学派，著名的有四大家，即"寒凉派"的刘完素著有《素问玄机原病式》，"攻下派"的张从亚著有《儒门亲事》，"温补派"的李杲著有《脾胃论》，"养阴派"的朱震亨著有《格致余论》《局方发挥》等。

明清时期

明清两代中医学有集大成的趋势。明代朱橚等编的《普济方》、清代吴谦等人编的《医宗金鉴》，都是部头很大的医学典籍。徐春甫的《古今医统大全》、王肯堂的《证治准绳》、楼英的《医学纲目》、孙一奎的《赤水玄珠》、张璐的《医通》等，也是较大规模的医学专著。同时还有一些医学丛书，如明代王肯堂的《医统正脉全书》、清代周学海的《周代医学丛书》等。并且有了记述临床病例的"医案"，如《薛氏医案》《汪万山医案》《临证指南医案》以及《名医类案》正续编等。名医王清任著《医林改错》一书，通过尸体内脏的解剖研究，对人体内脏构造提出新见解，纠正了一些错误认识，绘成《亲见改正脏腑图》25 种，为传统的解剖学补充了新内容。

这个时期影响最大的医学著作是明代李时珍历时 27 年写成的《本草纲目》。李时珍在纠正历代"本草"所记中药的基础上补漏匡误，写成了 52 卷巨著，分列水、火、土、金石、草、谷、菜、果、木、服器、虫、鳞、介、禽、兽和人共 16 部，并细分为 60 余类，每类之下开列所属药物，共达 1892 种，新发现药物 300 多种。同时还附有处方 11096 个，插图千余幅，附录中有"濒湖医案"37 例，大多属疑难怪异之症。这部药物学巨著其实是对明代以前中医药学系统的、全面的总结，对中国和世界药物学的发展做出了杰出的贡献。

23. 针灸

针是"针刺"，灸是"艾灸"，合称针灸。它是中医外治法之一，根据患者的病情，用各种针具、燃着的艾绒作用于身体腧穴来治疗疾病的方法，是中医特有的治疗手段，具有适应症广、疗效明显、操作方便、经济安全、不良反应少等优点。其最直接的理论依据是经络学说，即外邪有病，可沿经络内传脏腑；脏腑有病，可沿经络达休表，所以针灸体表可以治疗脏腑的疾病。

针灸源自中国，是世界上最为古老的治疗技术之一，至今仍然被广泛使用。根据经典的针灸理论，健康是阴阳之间的平衡，气是一种生命过程或是"生命力"的流动，可以调控这两种互补要素。今天，针刺疗法通常是指将一根纤细、无菌针头刺入身体特定位点，这些位点被称为穴位。这些穴位位于经络上，气沿着经络在全身流动。针灸的目的在于纠正经络内气的失衡或阻滞，疾病正是由此引发。针刺疗法一般与灸法同时应用，灸法是利用干燥并研磨好的草药、艾草或艾

艾灸

针灸团针

蒿叶子，将穴位及穴位所在的区域烤热。灸法有很多类型，例如，中医师可能在金属针的末端点燃类似于雪茄一样的圆锥体或卷状艾蒿叶子，刺激身体上特定位点或疼痛的部分。

针灸师通常会询问病人完整的病史，为其把脉，确定需要对哪些穴位进行针刺。从很早开始，医师们就区分了大量不同的脉象，例如浮脉、沉脉、缓脉等。脉诊逐渐演化成为一整套复杂精密的中医治疗方案，用以检测气的流动是否停滞或梗阻。

在中国，针灸可能源自一系列手术、按摩、放血、热石疗法等医学实践的结合。战国时代后期，对宇宙本质的理解出现了很多新思想，针灸的起源正是来自这些思想。虽然新石器时代就有了尖锐的石器、骨针、小刀等，但直至汉代经络理论成熟后，针灸才开始与这些工具联系在一起，只不过当时文献记载中针灸的流程与今天有很大不同。古代儒医皇甫谧在公元256—282年间编纂了《针灸甲乙经》，构成了针灸准则的体系，给中国、朝鲜和日本的针刺传统带来了巨大的影响。

针灸铜人在公元11世纪首次出现，目的是用于教学考试。这些铜人清晰地显示了人体的循环系统，标出了各个穴位。整个铜人覆盖有一层黄色的蜡，内部用水填满，医学生需要用针对穴位精确定位，刺破黄蜡，铜人里的水才能顺着小孔流出。明代医生杨继洲于17世纪早期编纂的《针灸大成》，整合了过去的文本和之前没有书面记录的传统，目前仍然是针刺疗法的基础。

针灸的生命力在于临床疗效。1979年12月，世界卫生组织向全世界推荐了43种针灸治疗的适应症，有力地推动了针灸走向世界。但是，这种归纳尚不全面。据天津中医药大学的最新研究总结，针灸治疗的病种涵盖16类病谱计461个病种之多。对于肌肉骨骼和结缔组织系统、神经系统、消化系统和泌尿生殖系统、精神和行为障碍、皮肤和皮下组织疾病，针灸的治疗效果尤为突出。对于多种难治性疾病、

针灸大成

原因不明性疾病、体质性疾病与心因性疾病，针灸可成为有力的治疗和辅助治疗手段。目前，世界上已有140多个国家和地区正在应用和研究针灸疗法治疗各种疾病，全世界针灸从业人员逾数十万人，针灸医学作为中医药国际化的先锋，对世界医学的发展正产生着深远而广泛的影响。

24. 拔罐

拔罐疗法又名"吸筒疗法"，古称"角法"。古代医家用它来吸血排脓治疗疮疡脓肿，后来又用于肺痨、风湿等内科疾病。传统五行经络学说认为，人体经络穴位不通会导致体内寒湿过重，危害健康，而拔罐就能起到疏通经络的作用。

拔罐以玻璃罐、竹罐、抽气罐为工具，利用燃火、抽气等方法产生负压，使之吸附于体表，造成局部瘀血，以达到通经活络、行气活血、

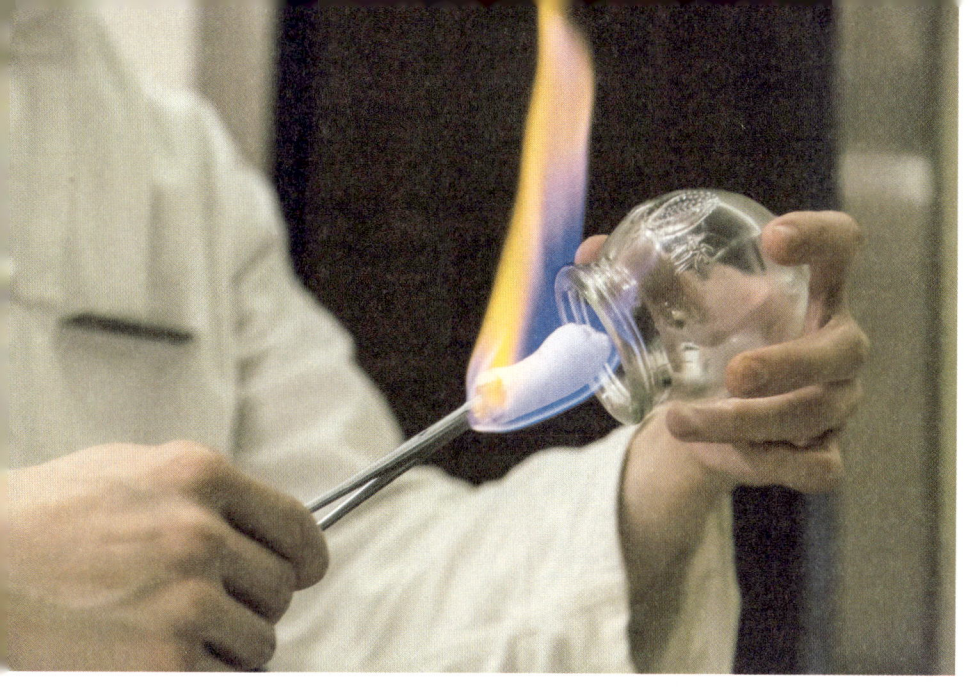

拔罐用罐

消肿止痛、祛风散寒的作用。拔罐的适应范围有:急性及慢性支气管炎、哮喘、肺炎、急性及慢性胃炎、胃神经痛、消化不良症、急性及慢性肠炎、颈肩腰腿痛、神经性头痛、枕神经痛、肋间神经痛、痛经、闭经、盆腔炎，疖肿，及因风湿劳损引起的四肢神经麻痹症等。

拔罐时应注意以下几个方面：

体位须适当，局部皮肉如有皱纹、松弛、疤痕凹凸不平及体位移动等，火罐易脱落。

根据不同部位,选用大小合适的罐。应用投火法拔罐时,火焰须旺,动作要快，使罐口向上倾斜，避免火源掉下烫伤皮肤。应用闪火法时，棉花棒蘸酒精不要太多，以防酒精滴下烧伤皮肤。应用贴棉法时，须防止燃着的棉花脱下。应用煮水罐时，应甩去罐中的热水，以免烫伤患者的皮肤。

在应用针罐时，须防止肌肉收缩，发生弯针，并避免将针撞压入深处，造成损伤，胸背部腧穴均应慎用。

在应用走罐时，不能在骨突出处推拉，以免损伤皮肤或火罐漏气脱落。

起罐时手法要轻缓，以一手抵住罐边皮肤，不可硬拉或旋动。

拔罐后针孔如有出血，可用干棉球拭去。一般局部呈现红晕或紫绀色（瘀血）为正常现象，会自行消退。如局部瘀血严重者，不宜在原位再拔。

如何根据罐口颜色判断身体状况：

灰白色　起罐后皮肤呈灰白色，手触发凉，说明体内湿寒之气较重，导致身体出现了虚寒的症状。

紫色　起罐后皮肤出现紫色或者黑紫色，说明体内有瘀血，即血液循环出现了问题，颜色的深浅说明病情的程度。如果在紫色的基础上还有斑块，说明体内有寒湿。

鲜红色　起罐后皮肤呈鲜红色，说明体内有热，不过这种颜色在拔罐后极为少见。

出痧　起罐后皮肤有出痧现象，说明体内湿气较重。

水疱　起罐后皮肤出现水疱，说明体内湿气比较严重，如果是黄疱、黄绿疱或脓水，表明穴位相对应的器官炎症比较重。

褶皱　起罐后皮肤出现褶皱，说明体内风邪入侵，这种现象常出现在冬春季节。

水汽　起罐后，发现罐内壁有水汽，说明身体的一些部位有湿气。

拔罐常用的几种方法：

留罐　留罐是最常用的拔罐方法，是将罐吸附在体表后，使罐子吸拔留置于施术部位 5 ～ 10 分钟的一种方法，多用于风寒湿痹、颈肩腰腿疼痛等疾病。

走罐　　走罐要求一定的技术含量，在罐口涂抹万花油，将罐吸住皮肤后，手握罐底，上下来回推拉移动数次，至皮肤潮红为止。此种方法多用于感冒、咳嗽等疾病。不过用时要注意，只能用于面积较大、肌肉丰厚的部位，如腰背部。

闪罐　　闪罐是罐吸住皮肤后，立即起下，反复吸拔多次，至皮肤潮红的一种方法，多用来治疗面瘫。

刺络拔罐　　刺络拔罐是先用梅花针或三棱针在局部叩刺或点刺出血，再在此部位拔罐使罐内出血 3 ～ 5 毫升。此种方法多用于痤疮等皮肤疾患。

拔罐的具体应用：

①疏通经络

拔罐任、督二脉。拔罐疏通任、督二脉，对人体五脏六腑均有防病治病的功效。方法是采用透罐法，即沿着任脉、督脉循行路线紧密排布罐，尽量整条经脉都拔上，以此来疏通任、督二脉，起到通透全身阴阳经的作用。

拔罐背腧穴及华佗夹脊穴。背腧穴全部分布于背部足太阳经第一侧线上，即后正中线（督脉）旁开 1.5 寸（5 厘米）处。华佗夹脊穴有 34 个穴位，在第一胸椎至第五腰椎，各椎棘突下旁开 0.5 寸（约 1.67 厘米）处均有分布。可以说，背腧穴及华佗夹脊穴纵贯整个颈背腰部，五脏六腑之经气均在此流通。方法是采用走罐法走遍这些穴位，可以疏通五脏六腑经气，协调全身气血经络，增强机体的抗病能力，对于强化肌肉骨骼也有好处，尤其对颈椎病、腰椎病有明显的疗效。

足太陽膀胱經之圖

凡六十三穴
左右共一百二十六穴

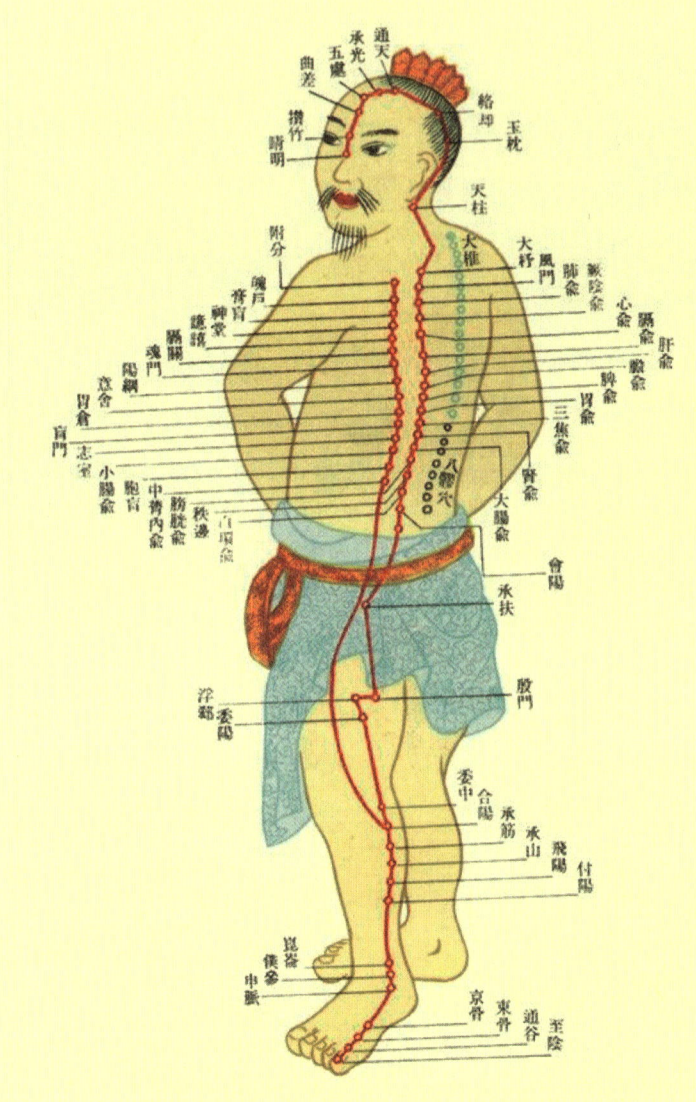

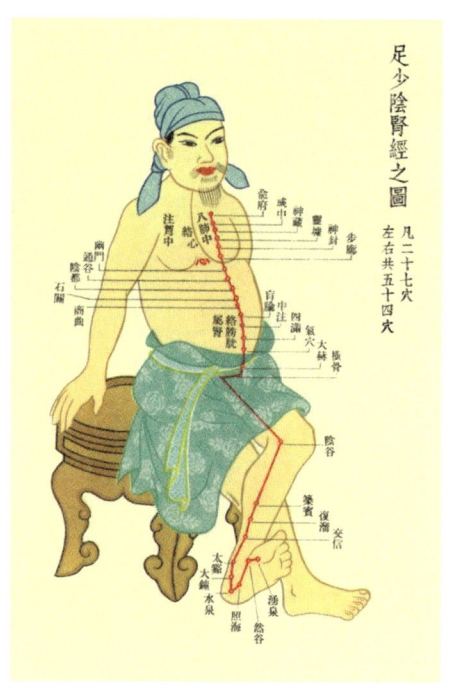

足少陰腎經之圖

凡二十七穴
左右共五十四穴

注胃中
入勝心
幽門
通谷
陰都
石關
商曲

俞府
彧中
神藏
靈墟
神封
步廊

育俞
中注
四滿
氣穴
大赫
横骨
属腎臟

陰谷

築賓
交信
復溜

太谿
大鐘
水泉
照海
然谷
湧泉

②增加活力

取劳宫、涌泉、三阴交、足三里四穴进行拔罐，可增添活力。劳宫穴位于手掌心，是手厥阴心包经的荥穴，具有振奋阳气、清心泻火、宽胸利气及增加活力的功效，配合涌泉、三阴交、足三里三穴，效果更加明显。经常在这四穴拔罐，对于缓解肌骨疲劳效果甚好，可保持人体旺盛的精力。

③祛除浊气

取涌泉、足三里二穴进行拔罐，可祛除浊气。涌泉穴位于足心，是足少阴肾经的井穴。之所以在此穴拔罐能祛除身体浊气，是因为主生长、发育、生殖的肾脏是人体生命之源，而对位于足心的涌泉穴作拔罐处理可以起到祛除湿毒浊气、疏通肾经的功效，使经络气血通畅，肾脏功能正常，肾气旺盛。配伍足三里更使人体精力充沛，进而延缓衰老，加强体质。

④祛除常见骨骼疾病

颈肩综合征 患者取俯卧位，施罐者在酸胀、麻木及疼痛的颈肩部胸锁乳突肌、斜方肌外上缘处的皮肤上涂抹适量万花油，将火罐吸附于皮肤上，并于病变部位来回推动火罐，以局部皮肤出现紫红色或紫黑色痧点为宜。走罐后采用三棱针在痧点局部点刺，选口径适中的火罐用闪火法在上述部位拔罐，留罐约10分钟，每处出血2～3毫升，隔日1次，5次为1个疗程。此法要求施罐者有较高的技术，所以不要随便找人尝试，最好是去专业的中医院进行。

膝关节炎 膝关节炎的拔罐较为特别，是采用药罐疗法，即将羌活、独活、防风、木瓜、桑枝、川断、牛膝、杜仲、艾叶、鸡藤、川芎、当归各15克装入布袋内，加清水煮沸5分钟，再把小号竹罐投入药汁内煮10分钟，使用时用镊子夹起竹罐直接扣于患侧内、外膝眼及鹤顶穴处，每次15分钟，隔日1次，10次为1个疗程。此法同肩颈综合征一样，最好找专业的医院、医生进行。拔火罐时切忌火烧罐口，否则会烫伤皮肤；留罐时间不宜超过20分钟，否则会损伤皮肤。皮肤过敏、溃疡、水肿及心脏、大血管部位，孕妇的腰骶、下腹部均不宜拔罐。

25. 刮痧

刮痧是广为人知、实用性强的一种自我保健疗法。"痧"是我国民间的习惯叫法。古人认为，痧证主要是由风、湿、火之气相搏而为病。一年四季都有发生痧症的可能，但以夏秋季为多见。夏秋之际，风、湿、热三气盛，人若劳逸失度，则外邪侵袭肌肤，阳气不得宣通透泄，而常发痧症。

刮痧是指借助刮痧工具，对体表皮肤的特定部位进行刮拭的一种疗法。人们常用砭石、玉石、牛角骨甚至陶瓷勺子等材料为刮痧板，沿着经络的走向或在某一片皮肤区域用力均匀柔和地进行刮拭，遇有痛点则加大力度和速度反复刮。刮痧疗法具有解表祛邪、开窍醒脑、调畅气血、清热泄毒、疏经活络、行气止痛、运脾和胃、化浊去湿、急救复苏、改善血液循环、促进细胞代谢、增强机体免疫力等功效。对许多疾病具有防治作用，并能起到保健强身、美容等作用。

　　刮痧是中医外治法的一种。它借助某些器具作用于人体体表的特定部位（经络穴位、阳性反应点等），通过经络的传导作用，激发人体内部器官之间的相互协调，使阴阳达到相对平衡的状态，增强人体的抗病能力，最终达到扶正祛邪、治愈疾病的目的。

刮痧板

按中医学理论，皮肤在人体的生理、病理和治疗中，有着十分重要的作用。刮痧治病的机理，就在于对皮肤的特定部位给予适当的刮拭，通过这种良性的刺激，可以充分发挥卫气的作用，起到祛除邪气、疏通经络、行气活血、增强脏腑机能、积极抗御疾病、促进病体康复的效果。具体功效如下：

祛除邪气，疏通经络　通过刮拭患者皮肤，使皮肤出现充血现象，腠理得以开泄，可以将充斥于体表病灶、经络、穴位乃至深层组织器官的风、寒、痰、湿、瘀血、火热、脓毒等各种邪气从皮毛通达于外，从而廓清经络、穴位，使其得以疏通。

调整气血，改善脏腑功能　当气血凝滞或经脉空虚时，通过刮拭刺激，可以引导营卫之气始行输布，鼓动经脉气血，濡养脏腑组织器官，温煦皮毛，同时使虚衰的脏腑机能得以振奋，鼓舞正气，加强祛除病邪之力。当脏腑、经脉气机逆乱，升降失常时，可通过穴位刮痧，引导气机恢复正常。

据研究发现，刮痧会使血液和淋巴液的循环增强，使肌肉和末梢神经得到充分的营养，从而促进全身的新陈代谢。刮痧对循环、呼吸中枢具有镇静作用，还能直接刺激末梢神经，调节神经、内分泌系统，对细胞免疫力具有增强作用，从而增进人体的防御机能。不过，刮痧后因腠理疏松，毛孔开泄，容易感受风寒，故刮痧后至少3小时内不要洗澡，并要注意保暖。

第四章

健身娱乐

Chapter IV

Traditional Fitness and Entertainment

26. 武术

　　武术，也叫中国功夫，是中国传统的技击术，同时也是一种独特的中国文化。它是以踢、打、摔、拿、击、刺等技击动作为主要内容，通过徒手或借助于器械的身体运动表现攻防格斗的能力。武术主要包括套路和散手两种运动形式。武术套路，由风格各异的技术动作组成，具有攻防内涵，蕴含哲理，有很高的观赏价值，给人以美的享受。武术套路形式有拳术、器械、对练和集体项目。拳术主要包括长拳、南拳、太极拳、形意拳、八卦掌等。器械有刀、剑、棍、枪、双刀、双剑、九节鞭、三节棍等。对练项目分为徒手对练、器械对练以及徒手对器械三种类型。集体项目是多人进行拳术、器械演练的形式。这些不同的套路形式，不仅体现了武术的攻防格斗内涵，同时又具有优雅美观、节奏鲜明的风格特点。

　　经过几千年的发展，中国武术逐渐形成了自己的特点，主要有：第一，重视"身心和谐"。中国武术将人体生命看作是一个大系统，心与身是统一的，将人作为一个整体来看待和训练。人体是武功的载

中华武术

体，武功的强弱与武功载体的强弱密切相关。载体的强壮又可分为外部强壮和内部强壮，外部强壮固然重要，但更重要的还是内部强壮。以外练形体、内练精气神为训练对象，练意、练气、练力，是武术练功的三要素。第二，重视"人际和谐"，与人为善。在武术的形成和发展过程中，武术不仅逐渐形成一整套自己独特的理论、技术、功法，也形成了一套与武术密切相关的道德体系，这就是人们常说的武德。尽管中国武术门派众多，并且每个门派都有各自不同的风格特点，但是武术各家各派都非常注重武德，注意人与人之间的和谐，处理人际关系时都强调宽厚、容忍。还制定了各自的一套严格的尊师重道、扬善惩恶的戒律规范，如"习武先习德"，以求人际的和谐。在中国武术中，对武术人物和武术事件的评价，都是以武德作为衡量的标准和依据。第三，重视"天人和谐"，即宇宙自然与自身的统一，这是中国武术养练功法的核心内容之一。作为武术运动对象的主体——人体自身，与宇宙自然的客体，二者有着内在的紧密联系，武术家们往往通过领悟宇宙的变化规律而用于拳法，创造出不同的拳法种类。例如通过观察蛇的生活习性，武术家们创造出了"蛇拳"。

　　在中国武术中，少林寺具有重要的地位。少林寺位于河南省登封城西的嵩山少室山，因此又叫嵩山少林寺。唐朝初年，少林寺的十三

少林寺

位武僧帮助秦王李世民在讨伐王世充的征战中取得了胜利。后来，李世民当上了唐朝的皇帝，少林寺得到了李世民的赞誉和封赏，由于朝廷的大力支持，少林寺发展非常快，获得了"天下第一名刹"的美称，少林功夫也从此美名远扬。在中国，人们都认为"天下功夫出少林"。特别是1982年李连杰主演的电影《少林寺》拍摄成功以后，少林寺和少林功夫更是风靡一时，许多外国人纷纷来到少林寺学习功夫。并且，少林寺在40多个国家和地区成立了少林功夫协会。在美国和德国等一些国家还建立了少林寺，由少林寺的武僧传授少林功夫，深受当地人们的欢迎和喜爱。

在中国，还有一种武术非常普及，那就是太极拳。太极拳起源于中国，它是一种动作刚柔相济，既可技击防身，又能增强体质、防治疾病的传统拳术。太极拳在疏经活络、调和气血、营养腑脏、强筋壮骨等方面具有很好的功效。太极拳经过长期流传，演变出许多流派，其中流传较广或特点较显著的有以下五派：陈式太极拳、杨式太极拳、吴式太极拳、武式太极拳、孙式太极拳。太极拳在中国非常常见，在许多公共场所都有人在打太极拳。太极拳在国外，也受到普遍欢迎。欧美、东南亚、日本等国家和地区，都有太极拳活动。许多国家也都成立了太极拳协会等团体。

中国武术广泛应用于电影，由李小龙、成龙、李连杰主演的中国功夫电影在好莱坞深受欢迎，许多外国人也因此喜欢上了中国功夫。

27. 气功

气功是调身、调息、调心相结合，内外兼练、动静相兼的自我身心锻炼的功法，它是中国古代流传下来用于医疗保健等各种功法的总称。练功者通过对身心（形体和精神）呼吸等进行特定的自我锻炼，调动生理潜能，培育人体真气，达到防治疾病、保健强身、抵抗衰老、

气功

延年益寿的目的。

　　气，在古代是人们对于自然现象的一种朴素认识，认为"气"是构成世界的最基本物质，宇宙间的一切事物都是由气的运动变化而产生的。中医学沿用了"气"的概念，认为"气"是构成、充养人体的最基本物质，强调的是物质与运动（结构与功能）的不可分离，即人的气一元论。《庄子·知北游》："人之生，气之聚也，聚则为生，散则为死。"史学家普遍认为气功产生于春秋战国之际。由于医、儒、道、武、杂、俗等诸家的努力，春秋战国时对诸如气的形成，养气练功的方法、要领及气功的作用等形成了一整套认识并逐渐发展成后来不同的气功流派。

　　从中医学的角度看，气功是中国传统医药学的一个重要组成部分。

气功通过调节精神，使自身气机变得协调，主要是通过使用暗示为核心的手段，促使意识进入自我催眠状态，并通过心理、生理形态自调机制调整心身平衡，达到健身治病目的。

气功三要素是调身、调息、调神，这是练习气功的基本要领。

调身　身形为精气所化成，其为神之宅室，所以练功要注意形体姿势，主要是身体端正放松，顺乎自然，这样有助于精气神的调练。其动有导引，静有坐禅。

调息　自然界之清气是培育真气的必需成分，所以，呼吸应有规律地进行，使氧化产能有序化，同时，调息还有助于放松入静。

调神　主要是指调节意念。意念守下丹田，可使真气由丹田逐渐培育、聚集、储存起来，并使丹田元气充实旺盛。

意念在内，是逐渐摒除杂念，臻于无识念，以神守身，诱导进入虚静的状态。

气功主要是修炼人体精气神，并在此基础上升华到入静，感通自然的境界。历代气功家将练功程序（层次）大致归结为"练精化气，练气化神，练神还虚，练虚合道"等阶段。

练精化气　在自然界，形气转化是物质运动的基本形式，物质的变化寓于运动之中。在人体，精是气的物质基础，精、气转化是自然而然进行的。而练气功就是要把精化气作为一个主观过程来调控进行，使机体实现主动有序地耗散。

练气化神　神是由精气产生的，为精气之机括，气旺则神旺，神是赖气的存在而存在并体现其作用。练气化神，就是强化人体的功能，达到旺盛生命活动。

练神还虚　通过对自身的调摄，在生命力旺盛的状态下，收神入身，人体必然会进入虚（入静）的状态。这实质上即是对人体场的强化。

练虚合道　当人体场加强到一定程度（境界）时，自然而然地会进入与自然界磁场通应的状态，此时即必然会出现所谓的特异功能。天人相应合一，悟天地之道，从而达到养生的目的。

上述是就健壮人而言的循序渐进的练功程序，而对于虚弱者应先有一个筑基的过程：定神练气、练气化精、积精全形，使机体达到充盛平和分化完善的状态。

28. 围棋

围棋是一种智力游戏，它起源于两千多年前的古代中国。

相传，在上古时期，平息协和各部落方国以后，尧都平阳在农耕生产和人民生活呈现出一派繁荣兴旺的景象。但有一件事情却让尧帝很忧虑，即散宜氏所生子丹朱虽长大成人，却游手好闲，不务正业，经常招惹祸端。为了让自己的儿子成器，尧帝夫妇真是伤透了脑筋，但丹朱仍是我行我素，让他学射箭，他不感兴趣；学其他的东西，他也不愿意。尧帝见丹朱如此不思上进，万般无奈，叹了一口气说："只好让他学行兵征战的石子棋，石子棋学会了，用处也大着哩。"丹朱听父帝不叫他打猎，改学石子棋，心里稍有转意，"下石子棋还不容易吗？坐下一会儿就学会了"。于是要父亲立即教他。尧帝说："哪有一朝一夕就能学会的东西，你只要肯学就行。"说着提起箭来，用箭头在一块平坡山石上用力刻画了纵横十几道的方格子，让卫士们捡来一大堆山石子，又分给丹朱一半。他将自己在率领部落征战过程中如何利用石子表示前进后退的作战谋略传授讲解给丹朱。丹朱此时倒也听得进去，显得很有耐心。直至太阳要落山的时候，尧帝教子下棋还是那样地尽心尽力。在卫士们的催促下，父子俩才结束了这第一次学棋课。

怎料，丹朱学棋还没多久，老毛病便又犯了，他终日无事生非，甚至想用诡计夺取尧帝的王位，尧帝夫人散宜氏见状，痛心不已，大病一场，怏怏而终。尧帝也十分伤心，只好把丹朱迁送到南方，他再也不想看到这个不争气的儿子了，不仅如此，尧帝还把帝位禅让给经过他三年严格考察，不但有德且有智有才的虞舜。虞舜继位后，也学尧帝的样子，用石子棋教自己的儿子商均，以启发他的智力。于是，在以后的陶器上便出现了围棋方格的图形，史书里面也有了"尧造围棋，以教丹朱"等记载。围棋，在中国古代称为弈，在整个古代棋类中可以说是棋之鼻祖，相传已有四千多年的历史。

围棋被人们形象地比喻为黑白世界，是中国古代人们喜爱的一项娱乐竞技活动，同时也是人类历史上最悠久的一种棋戏。由于它将科学、艺术和竞技三者融为一体，有着发展智力、培养意志品质和机动灵活的战略战术思想意识的特点，因而，几千年来长盛不衰，并逐渐地发展成为一种国际性的文化竞技活动。今日，在亚洲的围棋爱好者

围棋

有数千万人，在欧美等国家也有不少人喜欢下围棋。

围棋的规则十分简单，却拥有十分广大的空间可以落子，这使得围棋变化多端，比中国象棋更为复杂。这也是围棋魅力长盛不衰的原因所在。下一盘围棋的时间没有规定，快则五分钟，慢则要几天，多数时候下一盘棋需要一到两个小时。

围棋的棋盘盘面有纵横各19条等距离、垂直交叉的平行线，共构成361个交叉点（一般称为"点"）。在盘面上标有9个小圆点，称为星位，中央的星位又称"天元"。棋子分黑白两色，均为扁圆形。棋子的数量以黑子181个、白子180个为宜。

围棋一般为两人对局，对局前确定谁先走。其基本下法为：①对局双方各执一色棋子，黑先白后，交替下子，每次只能下一子。②棋子下在棋盘的点上。③棋子下定后，不得向其他点移动。④轮流下子是双方的权利，但允许任何一方放弃下子权。

下围棋对人脑的智力开发很有帮助，可增强人的计算和记忆能力、创意和思维能力、判断和注意能力。特别是对儿童可以起到积极作用，能够培养他们对事物的分析能力，同时还能够增强他们的自我控制能力。

29. 象棋

象棋，又称中国象棋，是中华民族发明的一种娱乐活动。象棋具有悠久的历史，大约起源于战国时期。经过历代的发展，象棋于北宋末定型成近代模式：32枚棋子，有河界的棋盘。

象棋是由两人轮流走子，以"将死"或"困毙"对方将（帅）为胜的一种棋类运动。对局时，由执红棋的一方先走，双方轮流各走一着，直至分出胜、负、和，对局即结束。轮到走棋的一方，将某个棋子从一个交叉点走到另一个交叉点，或者吃掉对方的棋子而占领其交叉点，都算走一着。双方各走一着，称为一个回合。象棋不仅能丰富文化生活，陶冶情操，更有助于开发智力，启迪思维，锻炼辩证分析能力和培养顽强的意志。

象棋共有32个棋子，分为红黑两组，各有16个，由对弈的双方各执一组。双方兵种都是一样的，分为7种：帅（将）、仕（士）、相（象）、车、马、炮、兵（卒）。红方有帅1个，仕、相、车、马、炮各2个，兵5个；黑方有将1个，士、象、车、马、炮各2个，卒5个。其中帅与将、仕与士、相与象、兵与卒的作用完全相同，仅仅是为了区别红棋和黑棋而已。

棋子活动的场所，叫作"棋盘"。在长方形的平面上，由9条平行的竖线和10条平行的横线相交组成，共有90个交叉点，棋子就摆在交叉点上。中间部分，也就是棋盘的第五、第六两横线之间未画竖线的空白地带称为"河界"。两端的中间，也就是两端第四条到第六

象棋

条竖线之间的正方形部位，以斜交叉线构成"米"字方格的地方，叫作"九宫"（它恰好有9个交叉点）。整个棋盘以"河界"分为相等的两部分。为了比赛记录和学习棋谱方便，人们规定：按9条竖线从右至左用中文数字一至九来表示红方的每条竖线，用阿拉伯数字1至9来表示黑方的每条竖线。比赛开始之前，红黑双方应该把棋子摆放在规定的位置。任何棋子每走一步，进就写"进"，退就写"退"，如果像车一样横着走，就写"平"。

自1956年起，象棋被列为我国国家体育项目。近年来，在全国性比赛中，除男子个人赛，又先后增加了男子团体、女子个人、女子团体等比赛项目。成绩优异的棋手由国家体委授予"象棋大师"和"特级大师"等称号。

1978年11月，在东南亚一些地区和国家的侨胞名流和棋界人士的发起下，亚洲象棋联合会应运而生。现在，菲律宾、马来西亚、泰国、新加坡、印度尼西亚、中国、文莱、马来西亚和中国香港、澳门地区都是亚洲象棋联合会的成员。为了推动象棋的国际化，在此基础上，"中国象棋联合会筹委会"于1988年在北京成立。第一届世界杯象棋锦标赛于1990年在新加坡举行。

近年来，象棋在欧美有了可喜的发展。美国、法国等国纷纷成立象棋协会或象棋社。中国象棋与国际象棋一道，成为欧美国家一种比较流行的棋类活动。

30. 蹴鞠

现代的足球运动起源于英国。1863年10月26日，在英国伦敦成立了世界上第一个足球协会，这标志着现代足球的诞生。在1900年举行的第二届奥运会上，足球被列为正式比赛项目。1904年5月21日，国际足联在巴黎宣告成立。1930年，在乌拉圭举办了首届世界足球锦标赛。

其实，中国是足球运动的最早发祥地，也是世界上第一个开展足球运动的国家。蹴鞠在中国历史悠久，起源于春秋战国时期的齐国故都临淄；在汉代获得较大发展，汉朝人把蹴鞠视为"治国习武"之道，不仅在军队中广泛展开，而且在宫廷贵族中普遍流行。《汉书·艺文志》中记载："鞠以革为之，踏之为戏。"《太平清话》中也有记载："踏鞠……以革为圆囊，实以毛发。"由此可见，那时的足球是以毛发充塞在皮囊中的。到了唐朝以后，才改为充气足球，内层用动物的尿泡做球胆。东汉时期，中国开始举办足球对抗赛，当时的球场上一共有 6 个球门，以进球的多少来判决胜败。唐朝时期的球门已和现代足球的球门差不多，是用两根大竹竿，中间竖立起一个网。据考古学家考证，距今 1800 年前的东汉时期，中国已有专门的"女子足球队"。宋朝时期,中国已有专门的"国家足球队",

蹴 鞠

那时俗称"宫廷队"，专门供皇帝观看。中国汉代到唐朝的足球赛，一般每队上场 6 人。宋朝时，足球赛改为单门，每队上场 12 ～ 16 人，并有被称作"香云社"的球会组织。明朝时期的皇帝崇祯，尽管在上朝时是个一本正经的皇帝，但在退朝后，他就立刻变成一个酷爱足球的足球迷。他除自己亲自参加足球赛外，还经常在宫内组织足球赛并观看，站在看台上摇旗呐喊。

蹴鞠比赛有直接对抗、间接对抗和白打三种形式。有球门的蹴鞠比赛可分为双球门的直接竞赛和单球门的间接比赛。双球门的直接竞赛是汉代蹴鞠的主要方式，且被用于军事练兵。进行直接对抗比赛时，设鞠城（即球场），周围有短墙，比赛双方都有像座小房子似的球门，场上队员各 12 名，双方进行身体直接接触的对抗，踢鞠入对方球门多者胜。单球门的间接比赛是唐宋时期蹴鞠的主要方式，主要用于为朝廷宴乐和外交礼仪竞赛表演。比赛时中间隔着球门，球门中间有两尺多（0.67 米）宽的"风流眼"，双方各在一侧，在球不落地的情况下穿过"风流眼"多者胜。无球门的散踢方式称为"白打"，主要是比赛花样和技巧，亦称比赛"解数"。每一套解数都有多种踢球动作，如拐、蹑、搭、蹬、捻等。

如今中国传统的蹴鞠活动被现代足球所取代，仅在山东淄博市的临淄地区还保留着这项运动。

第五章

历法节日

Chapter V

Calendar and Festivals

31. 农历

农历是中国的传统历法。这种历法中安排有二十四节气以指导农事活动，而且主要在广大农村使用，因此称为"农历"，又名夏历、旧历、中历。它用严格的朔望周期来定月，又用设置闰月的办法使年的平均长度与回归年相近，兼有阴历月和阳历年的性质，因此它实质上是一种阴阳两历并用的历法。至今，几乎全世界所有华人及朝鲜、韩国和越南等国家，仍使用农历来推算传统节日如春节、中秋节、端午节、清明节等。

农历的历月以朔望月为依据。朔望月的长度是 29.5366 日（即 29日 12 小时 44 分 3 秒），因此农历是大月 30 天，小月 29 天，但两者又有所不同，阴历大小月是交替编排的，而农历年大小月则是经过推算决定的，所以有时可能连续出现两个大月，也可能连续出现两个小月。农历每个月的初一都正好是"朔"（即月亮在太阳和地球中间，且以黑暗的半面对着地球的时候）。

农历的历年长度以回归年为准，但一个回归年比 12 个朔望月的日数多，而比 13 个朔望月短。古代天文学家在编制农历时，为使一个月中任何一天都含有月相的意义，即初一是无月的夜晚，十五左右都是圆月，就以朔望月为主，同时兼顾季节时令，采用十九年七闰的方法：在农历十九年中，有十二个平年，每一平年十二个月；有七个闰年，每一闰年十三个月。闰月天数与正常月份天数一样，为 29 或 30 天。至于闰哪个月则由节气情况决定。

农历是中国古代的伟大创造之一，它的特点是：任何一日都含有月相的意义；利用农历日期可以推算潮汐（潮水是月亮的吸引力造成的）。现行中国农历的版本，是 1645 年开始正式使用的明末清初的《时宪历》。

32. 二十四节气

二十四节气是中国劳动人民的独特创造，它反映季节的变化，指导农事活动，影响着千家万户的衣食住行。二十四节气是根据太阳在黄道（即地球绕太阳公转的轨道）上的位置来划分的。它视太阳从春分点（黄经零度，此刻太阳垂直照射赤道）出发，每前进 15 度为一个节气，运行一周又回到春分点，为一回归年，合 360 度，刚好是 24 个节气。

二十四节气的公历日期每年大致相同：上半年在 6 日、21 日前后，下半年在 8 日、23 日前后。但在农历中，节气的日期却不大好确定，以立春为例，它最早可在上一年的农历十二月十五日，最晚可在正月十五日。

从二十四节气的命名可以看出，节气的划分充分考虑了季节、气候、物候等自然现象的变化。其中，立春、立夏、立秋、立冬、春分、秋分、夏至、冬至是用来反映季节变化的。春分、秋分、夏至、冬至是从天文角度来划分的,反映了太阳高度变化的转折点。而立春、立夏、

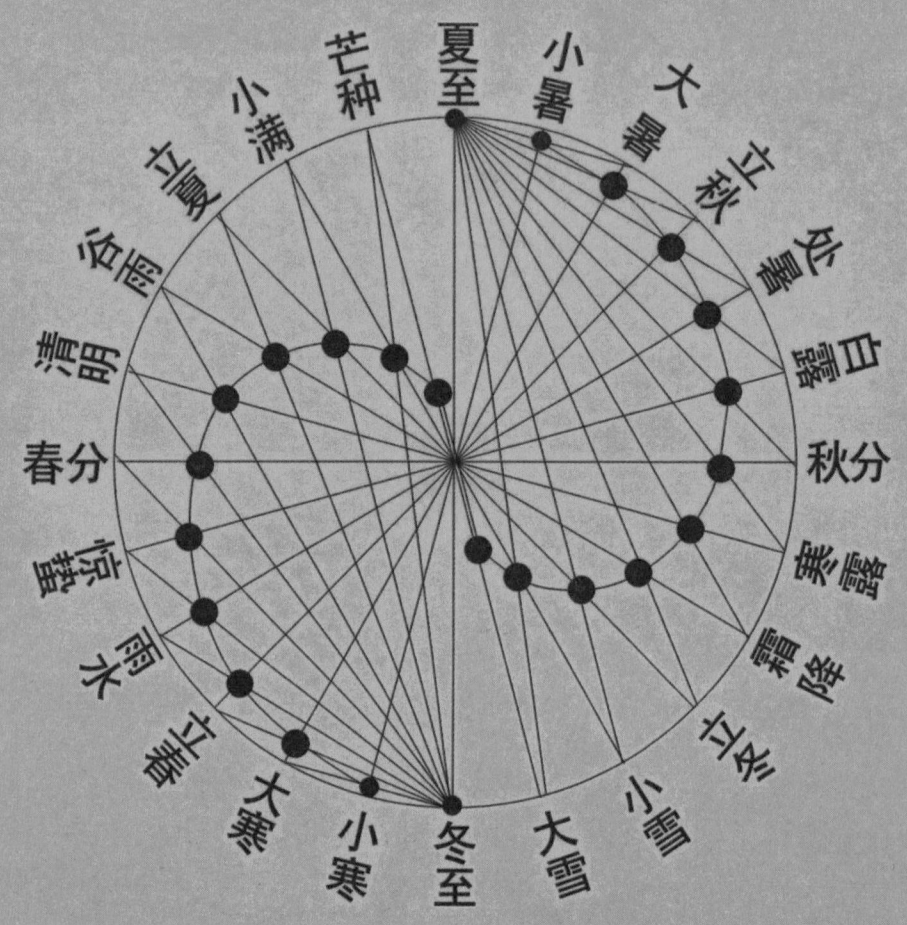

二十四节气图

立秋、立冬则反映了四季的开始。由于中国地域辽阔，具有非常明显的季风性和大陆性气候，各地天气气候差异巨大，因此不同地区的四季变化也有所不同。小暑、大暑、处暑、小寒、大寒五个节气反映气温的变化，用来表示一年中不同时期的寒热程度。雨水、谷雨、小雪、大雪四个节气反映降水现象，表明降雨、降雪的时间和强度。白露、寒露、霜降三个节气表面上反映的是水汽凝结、凝华现象，但实质上反映的是气温逐渐下降的过程和程度：气温下降到一定程度，水汽出现凝露现象；气温继续下降，不仅凝露增多，而且越来越凉；当温度降至 0℃以下，水汽凝华为霜。小满、芒种这两个节气反映的是有关农作物的成熟和收成情况；惊蛰、清明反映的则是自然物候现象，尤其是惊蛰，它用天上初雷和地下蛰虫的复苏来预示春天的回归。

33. 春节

春节，是农历正月初一，又叫阴历年，俗称"过年"。它是中国民间最隆重、最热闹的节日，相当于西方的圣诞节。传统意义上的春节是指从腊月初八的腊祭或腊月二十三的祭灶开始，一直到正月十五，其中以除夕和正月初一为高潮。腊月的最后一天为除日，除日晚上叫除夕，也叫大年夜，民间称年三十。除夕零点为两年的分水岭，俗语说："一夜连双岁，五更分二年。"

关于"年"的由来，民间流传着这样一个有趣的故事：

太古时期，有一种叫"年"的凶猛怪兽。到了冬天山中食物稀少时，便跑出山来，闯进村子，见人伤人，见畜伤畜。因此一到冬天，人人惊恐，村村不安。大伙儿都搬得远远的以逃避年的伤害。时间长了，人们发现年兽虽凶猛，却也害怕三样东西：一是鲜红的颜色，二是明亮的火光，三是巨大的声响。于是人们商量出了一个对策。到了这年的冬天，在年兽快要出山进村时，村里人相互约定，家家户户的门上

春节

都挂上用红色涂抹的大木板，门口烧着旺旺的火堆，夜里大家都不睡觉，在家里敲锣打鼓，燃放爆竹，发出巨大的声响。夜深了，年兽窜到村口，只见处处红色，处处光亮，还有声声巨响，吓得赶快掉头躲进山里，从此再也不敢出来了。第二天清早，全村人聚在一起，互相祝贺道喜。以后每年的这个日子，家家户户都挂上红色木板，点着火堆，通宵敲锣打鼓，燃放爆竹。第二天相互道喜，欢庆平安。如此代代相传，过年的习俗就形成了。

　　守岁　除夕之夜，全家团聚在一起吃年夜饭。这顿饭要慢慢地吃，从点灯时分入席，有的人家一直要吃到深夜才散去。吃过年夜饭，大家围坐在灯下或火炉旁闲聊，等着辞旧迎新时刻的到来。除夕通宵守夜，象征着把一切邪瘟病疫照跑驱走，新的一年吉祥如意。古时除夕守岁有两种含义：年长者守岁为辞旧岁，有珍惜光阴的意思；年轻人守岁，是为延长父母寿命。

扫尘 "腊月二十四，掸尘扫房子。"按民间的说法，"尘"与"陈"谐音，新春扫尘有"除陈布新"的含义，其用意是要把一切穷运、晦气统统扫出门。所以，每逢春节来临，家家户户都要打扫环境，清洗各种器具，拆洗被褥窗帘，洒扫六闾庭院，掸拂尘垢蛛网，疏浚明渠暗沟。

贴春联、倒贴"福"字 春联也叫门对、春贴、对联、对子、桃符等，它以工整、对偶、简洁、精巧的文字描绘时代背景，抒发美好愿望，是中国特有的文学形式。每逢春节，无论城市还是农村，家家户户都要精选一副大红春联贴在门的两边，为节日增加喜庆气氛。有一些人家还要在屋门上、墙壁上、门楣上贴上大大小小的"福"字。"福"指福气、福运，寄托了人们对幸福生活的向往，对美好未来的祝愿。为了更充分地体现这种向往和祝愿，有的人干脆将"福"字倒过来贴，表示"幸福已到""福气已到"。

放爆竹 中国民间有"开门爆竹"一说，即在新的一年到来之际，家家户户开门的第一件事就是燃放爆竹，以噼哩啪啦的爆竹声除旧迎新。爆竹是中国特产，亦称"爆仗""炮仗""鞭炮"，至今已有两千多年的历史。放爆竹可以营造喜庆热闹的气氛，是节日的一种娱乐活动。随着时间的推移，爆竹的应用越来越广泛，品种花色也日渐增多，每逢重大节日及喜事庆典，如婚嫁、建房、开业等，都要燃放爆竹表示庆贺，图个吉利。

拜年 大年初一，人们都早早起来，穿上新衣，戴上新帽，打扮得漂漂亮亮，出门走亲访友，相互拜年，恭祝新的一年大吉大利。晚辈要先给长辈拜年，祝长辈长寿安康，长辈可将事先准备好的压岁钱用红纸包好分给晚辈。据说压岁钱可以压住邪祟，因为"岁"与"祟"谐音，晚辈得到压岁钱可以平平安安度过一岁。

34. 清明节

清明节是中国的传统节日，大约始于周代，已有两千五百多年历史。它的起源，据传始于古代帝王将相"墓祭"之礼，后来民间也竞相仿效，在这一天祭祖扫墓，历代沿袭便成为中华民族一种固定的风俗。

清明节，又叫踏青节，按阳历来说，它是在每年的4月4日至6日之间，此时春光明媚，草木吐绿，正是春游（古代叫踏青）的好季节。所以古人有清明踏青并开展一系列体育活动的习俗。

谈清明节，还须从古代一个非常有名现在已失传的节日——寒食节说起。寒食节，原为周朝旧制，顾名思义，就是清明前两天不生火做饭，吃冷食。第三天即清明节晚上，由宫内传火，赐予近臣，有所谓"内宫初赐清明火"。它的日期距清明不过一两天。由于日期接近，渐渐地两者就合二为一了，寒食既成为清明的别称，也成为清明时节的一个习俗。

清明节的习俗非常丰富，既有扫墓、插柳、踏青、植树等风俗，又有放风筝、荡秋千、蹴鞠、打马球等一系列体育活动。因此，这个节日既有祭扫新坟生离死别的悲酸泪，又有踏青游玩的欢笑声，是一个很特别的节日。

扫墓 俗称上坟，是祭祀死者的一种活动。汉族和一些少数民族大多都在清明节扫墓。按照旧的习俗，清明这天中午以前，人们携带"三生"（鸡、鱼、肉）、酒、茶、饭和纸标（锁钱）到祖先的坟茔前。先在坟头上插上纸标，纸标是用红绿彩纸剪成的彩纸穗。彩纸穗在坟头上随风飘扬，让别人很远就能看见，知道此坟尚有后人。再将食物供祭在亲人墓前，斟上酒、茶，焚烧纸钱，燃放爆竹。最后叩头行礼祭拜。有的地方还在清明这天修整坟墓，或象征性地给坟头添土。

植树 清明前后，春阳照临，春雨飞洒，种植树苗成活率高，成长快。因此，自古以来，中国就有清明植树的习惯。1979 年，全国人大常委会正式确认，每年 3 月 12 日为中国的植树节。这对动员全国各族人民积极开展绿化祖国活动有着十分重要的意义。

　　放风筝　每逢清明时节，人们不仅白天放风筝，夜间也放。夜里在风筝下或风稳拉线上挂上一串串彩色的小灯笼，像闪烁的明星，被称为"神灯"。过去，有的人把风筝放上蓝天后，便剪断牵线，任凭清风把它们送往天涯海角，据说这样能除病消灾，给自己带来好运。

清明风筝

荡秋千　秋千,意即揪着皮绳而迁移。古时候,人们以树枝桠为架,再栓上彩带,就做成了一个秋千。现在的秋千多用两根绳索加上踏板做成。荡秋千不仅可以增进健康,还可以培养勇敢精神,至今为人们特别是儿童所喜爱。

35. 端午节

农历五月初五,是中国民间的传统节日——端午节。端午又称五月节,最早始于春秋以前,原意是夏天到了,要避暑驱邪,也称端五、端阳,至今已有两千多年历史。在端午节这天,人们可以吃粽子表示敬祝。关于它的由来有很多传说,如纪念屈原说、纪念伍子胥说、纪念孝女曹娥说、古越民族图腾祭说等,其中影响较大的是纪念屈原说。

屈原是春秋时期楚怀王的大臣。他倡导举贤授能,富国强兵,力主联齐抗秦,遭到贵族子兰等人的强烈反对,后被陷害赶出都城,流放到沅、湘流域。他在流放中,写下了忧国忧民的《离骚》《天问》《九歌》等不朽诗篇,影响深远(因而,端午节也称诗人节)。公元前278年,秦军攻破楚国京都。屈原看到自己的祖国被侵略,心如刀割,在五月初五这天写下了绝笔之作《怀沙》后,投汨罗江而死,以自己的生命谱写了一曲壮丽的爱国主义诗篇。

传说屈原死后,楚国百姓异常哀痛,纷纷涌到汨罗江边凭吊屈原。渔夫们划起船只,在江上来回打捞他的尸体。有位渔夫拿出为屈原准备的饭团、鸡蛋等食物,"扑通、扑通"地丢进江里,说是让鱼龙虾蟹吃饱了,就不会去咬屈大夫的身体。人们见后纷纷仿效。一位老医师则拿来一坛雄黄酒倒进江里,说是要药晕蛟龙水兽,以免其伤害屈大夫。为怕饭团为蛟龙所食,人们想出用楝树叶包饭,外缠彩丝,后来发展成今天的粽子。以后,每年的五月初五,就有了龙舟竞渡、吃粽子、喝雄黄酒等风俗,人们以此来纪念屈原。

粽子

中国民间过端午节是较为隆重的，庆祝活动也多种多样，比较普遍的有：

赛龙舟 是端午节的主要习俗。在急鼓声中划着龙形的独木舟做竞渡游戏，以娱神与乐人，是古代祭仪中半宗教性、半娱乐性的节目。现在它已突破时间、地域界线，成为一项国际性的体育赛事。

佩香囊 端午节小孩佩香囊，传说有避邪驱瘟之意。香囊内装有朱砂、雄黄、香药，外用丝布包住，再以五色丝线弦扣成索，做成各种不同形状，结成一串，形形色色，玲珑可爱。

悬艾叶、菖蒲 民谚说："清明插柳，端午插艾。"端午节这天，家家洒扫庭院，把菖蒲、艾叶插在门楣或悬在堂中。艾和菖蒲都是良好的中药材，古人插艾和菖蒲是有一定科学道理的。

36. 中秋节

中秋节是中国仅次于春节的第二大传统节日，节期为农历八月十五。这时正是一年秋季的中期，所以称为中秋。在中国的农历里，一年分为四季，每季又分为孟、仲、季三个部分，因而中秋也称仲秋。八月十五的月亮比其他月份的满月更圆、更明亮，而且中秋节的主要风俗是赏月、吃月饼，这些都与月有关，所以中秋又叫"月夕"。此夜，人们仰望天空的圆月，期盼家人团聚。远在他乡的游子，也借圆月寄托对故乡和亲人的思念之情。所以，中秋节又称"团圆节"。

中秋节的传说非常多，嫦娥奔月、吴刚伐桂、玉兔捣药之类的神话故事流传甚广。中秋拜月的风俗就来自于嫦娥奔月的故事。

相传，远古时候天上有十个太阳同时出现，晒得庄稼枯死，民不聊生。一个名叫后羿的英雄，拉开神弓，一气射下九个太阳，并严令最后一个太阳按时起落，为民造福。

后羿因此受到百姓的尊敬和爱戴，不少志士慕名前来投师学艺，心术不正的蓬蒙也混了进来。

一天，后羿到昆仑山访友求道，巧遇由此经过的王母娘娘，便向王母求得一包不死药。据说，服下此药，能即刻升天成仙。然而，后羿舍不得撇下美丽善良的妻子嫦娥，回家后便把不死药交给嫦娥珍藏。嫦娥将药藏进梳妆台的百宝匣里，不料被小人蓬蒙看见。

三天后，后羿率众徒外出狩猎，心怀鬼胎的蓬蒙假装生病，留了下来。待后羿率众人走后不久，蓬蒙用宝剑威逼嫦娥交出不死药。嫦娥知道自己不是蓬蒙的对手，危急之时当机立断，转身打开百宝匣，拿出不死药一口吞了下去。她的身子立刻飘离地面，冲出窗口，向天上飞去。由于嫦娥牵挂着丈夫，便飞落到离人间最近的月亮上成了仙。

傍晚，后羿回家知道此事后既惊又怒，抽剑去杀蓬蒙，可是他早已逃走。后羿气得捶胸顿足，悲痛欲绝，仰望着夜空呼唤爱妻的名字。这时他惊奇地发现，今晚的月亮格外皎洁明亮，而且里面有个晃动的身影酷似嫦娥。他便拼命地朝月亮追去，可是怎样也追不上。

后羿思念妻子又无计可施，只好派人到嫦娥喜爱的后花园里，摆上香案，放上她平时最爱吃的蜜食鲜果，遥祭嫦娥。百姓们闻知嫦娥奔月成仙的消息，纷纷在月下摆设香案，向善良的嫦娥祈求吉祥平安。

　　中秋节除拜月、赏月外，还有一个普遍的风俗，就是吃月饼。俗话说，"八月十五月正圆，中秋月饼香又甜"。月饼最初是用来祭奉月神的祭品，后来人们逐渐把中秋赏月与品尝月饼结合在一起，寓意家人团圆。月饼最初是家庭制作，到了近代，出现了专门制作月饼的作坊，制作出的月饼不仅馅料考究，外形也十分美观，月饼的外表印有各种精美的图案，如"嫦娥奔月""银河夜月""三潭印月"等。

37. 重阳节

农历九月初九,是中国一个古老的传统佳节——重阳节。因为《易经》中把"六"定为阴数,把"九"定为阳数,九月初九,日月并阳,两九相重,故而叫重阳,也叫重九。

重阳节的源头,可以追溯到先秦之前。那时已有在九月农作物丰收之时祭飨天帝和祖宗以谢其恩德的活动。关于重阳节的来历,传说东汉时期,汝河有个瘟魔,只要它一出现,就家家有人病倒,天天有人丧命,这一带的百姓受尽了瘟魔的蹂躏。一场瘟疫夺走了恒景的父母,他自己也差点儿丧了命。恒景病愈后决心访仙学艺,为民除害。他访遍名山高土,终于打听到东方一座最古老的山上有一个法力无边的仙长,在仙鹤指引下,他找到了仙长,仙长收他为徒,又赠他一把降妖剑。恒景日夜苦练,终于练出了一身武艺。这一天仙长把恒景叫到跟前说:"明天九月初九,瘟魔又要出来作恶,你速速回去,为民除害。"并且密授避邪用法,让恒景骑着仙鹤赶回家。恒景回到家乡,初九的早晨,他按仙长的叮嘱把乡亲们领到了附近的高山上,然后发给每人一片茱萸叶,一盅菊花酒。中午时分,随着几声怪叫瘟魔冲出汝河,刚扑到山下,突然闻到阵阵茱萸奇香和菊花酒气。瘟魔戛然止步,恒景手持降妖剑追下山来,几回合就把瘟魔刺死剑下。从此,九月初九登高避疫的风俗年复一年地传下来。此后,由于受古代巫师(后为道士)采集药物服用以求长生不老的影响,又有了九月初九佩茱萸、吃重阳糕、饮菊花酒求寿的风俗。唐代时,重阳被正式定为民间的节日。

今天,重阳节被赋予了新的含义。1989年,中国把每年农历九月初九定为老人节,传统与现代巧妙地结合,重阳节成为尊老、敬老、爱老、助老的老年人节日。

登高　在古代,民间有重阳登高的风俗,故重阳节又叫"登高节"。

茱萸

登高受人重视，特别受老年人重视，因为"高"有高寿的意思，因此人们认为"登高"可以长寿。登高所到之处，没有统一规定，一般是登高山、登高塔。

重阳糕　据史料记载，重阳糕又称花糕、菊糕、五色糕，制无定法，较为随意。九月初九天明时，以片糕搭儿女头额，口中念念有词，祝愿子女百事俱高，是古人九月做糕的本意。讲究的重阳糕要做成九层，像座宝塔，上面还有两只小羊，以符合重阳（羊）之义。有的还在重阳糕上插一个小红纸旗，并点蜡烛灯。这大概是用"点灯""吃糕"代替"登高"的意思，小红纸旗是用来代替茱萸的。

赏菊花、饮菊花酒　重阳节正处于一年的金秋时节，菊花盛开。据传重阳赏菊、饮菊花酒等风俗，起源于晋朝大诗人陶渊明。陶渊明以隐居出名，以诗出名，以酒出名，也以爱菊出名，后人效之，遂有重阳赏菊之俗。

插茱萸、簪菊花　古人认为在重阳节这一天插茱萸可以避难消灾。他们把茱萸或佩戴于臂，或放在特制的香袋里，或插在头上。佩戴者以妇女、儿童居多，有些地方男子也佩戴。除了佩戴茱萸，有的地方还有头戴菊花的风俗。

第六章

生活习俗

Chapter VI

Chinese Customs

38. 庙会

庙会，又称"庙市"或"节场"。庙会风俗与佛教寺院以及道教庙观的宗教活动有着密切的联系，同时它又是伴随着民间信仰活动而发展、完善和普及起来的。早期庙会仅是一种隆重的祭祀活动，随着经济的发展和人们交流的需要，庙会就在保持祭祀活动的同时，逐渐融入集市交易活动。这时的庙会又得名为"庙市"，成为中国市集的一种重要形式，货物种类齐全，锅盆碗箸、日用百货、衣帽鞋袜等应有尽有。随着人们的需要，又在庙会上增加娱乐性活动。庙会有的是一年一度，有的一个月内就有数天，会期有固定的，还有不定天数的。过年逛庙会是中国人不可缺少的春节庆祝活动之一。各地庙会的具体内容稍有不同，但各具特色。舞龙、舞狮、猜灯谜是庙会传统的娱乐节目。

舞龙也叫"耍龙灯""龙灯舞"，从春节到元宵灯节，许多地方都有舞龙的习俗。龙在中华民族代表了吉祥、尊贵、勇猛，更是权力的象征。人们在喜庆日子里用舞龙来祈祷龙的保佑，以求得风调雨顺，

庙会

五谷丰登。舞狮也是中国传统的民间艺术，每逢元宵佳节或集会庆典，民间都以舞狮助兴。这一习俗起源于三国时期，南北朝时开始流行，至今已有一千多年的历史。表演者在锣鼓音乐下，装扮成狮子的样子，做出狮子的各种形态动作。中国民俗传统认为舞狮可以驱邪辟鬼。

猜灯谜是元宵佳节的特色节目。关于灯谜的起源，有个有趣的传说。据传，很早的时候，有个姓胡的财主，家财万贯，横行乡里，人们都叫他"笑面虎"。这笑面虎对那些比自己穿得好的人拼命巴结，对那些粗衣烂衫的穷人则蛮横无理。有个叫王少的穷人，为了逗逗这个笑面虎，就在某年元宵节挂花灯之时，在自家的花灯上写了一首诗："头尖身细白如银，论秤没有半毫分。眼睛长到屁股上，光认衣裳不认人。"笑面虎知道了，非常生气，就带了家丁来抢王少的花灯，王少忙挑起花灯，笑嘻嘻地说："老爷，咋见得是骂你呢？"笑面虎恨声说："这不是骂我骂谁？"王少仍笑嘻嘻地说："噢，老爷是犯了猜疑。我这四句诗是个谜。谜底就是'针'，你想想是不是？"笑面虎一想："可不哩！"只气得干瞪眼，没啥说，转身狼狈地溜走了。周围的人见了，只乐得哈哈大笑。这事后来越传越远。第二年灯节，不少人都将谜语写在花灯上，供观灯的人猜测取乐，所以就叫"灯谜"。以后相沿成习，每逢元宵灯节，各地都举行猜灯谜活动，一直传到现在。

39. 傩舞

傩舞，又叫"大傩""跳傩"，俗称"鬼戏"或"跳鬼脸"。傩舞渊源于上古氏族社会中的图腾信仰，为原始文化信仰的基因。广泛流传于中国各地，是一种具有驱鬼逐疫、祭祀功能的民间舞蹈，是傩仪式中的舞蹈部分。傩舞一般在春节的大年初一到正月十六期间表演，原是古代祭祀时的原始舞蹈，舞者佩戴形象狰狞的面具，装扮成传说中的"方相氏"，一手持戈、一手持盾，边舞边"傩、傩……"地呼喊，奔向各个角落，跳跃舞打，搜寻不祥之物，以驱除疫鬼，祈求一年平安。现存傩舞主要分布在江西、安徽、贵州、广西、山东、河南、陕西、湖北、福建、云南、广东等地，各地分别有"跳傩""鬼舞""玩喜"等地方性称谓。这种历史悠久的民间舞蹈，一般有两种表演形式：一种由主角四人表演，表演者头戴面具如冠，身着兽皮，手执戈盾，口中发出"傩、傩"之声；另一种由 12 人组成，每人朱发画皮，手执数尺长的麻鞭，甩动作响，并高呼各种专吃恶鬼、猛兽之神名，起舞时各有音乐伴奏。

傩舞

傩舞源流久远，殷墟甲骨文卜辞中已有傩祭的记载。周代称傩舞为"国傩""大傩"，乡间也叫"乡人傩"；据《论语·乡党》记载，当时孔夫子看见傩舞表演队伍到来时，曾穿着礼服站在台阶上毕恭毕敬地迎接。由此典故引申而来，清代以后的许多文人，多把年节中的各种民间歌舞表演，泛称为"乡人傩"，并为一些地方和寺庙碑文中引用。傩祭风习，自秦汉至唐宋一直沿袭下来，并不断发展，至明、清两代，傩舞虽古意犹存，但已发展成为娱乐性的风俗活动，并向戏曲发展，成为一些地区的"傩堂戏""地戏"。至今，在江西、湖南、湖北、广西等省区农村，仍保存着比较古老的傩舞形式，并增添了一些新的内容。例如：江西的婺源、南丰、乐安等县的"傩舞"，有表现盘古开天辟地的"开山神"，传说中的"和合二仙""刘海戏金蟾"，戏剧片段的"孟姜女""白蛇传"，以及反映劳动生活的"绩麻舞"等。傩舞的表演形式与面具的制作，对中国许多少数民族的舞蹈产生了影响，如藏族的"羌姆"，壮族、瑶族、毛南族、仫佬族等民族的"师公舞"，就是吸收了傩舞的许多文化因素和表演手法，从而发展成为有本民族特色的舞蹈形式。

《论语·乡党》中记载的"乡人傩"一直在民间延续，并与宗教、文艺、民俗等结合，衍变为多种形态的傩舞、傩戏，至今仍在中国广大农村流行，以江西、湖南、湖北、陕西、四川、贵州、云南、广西、安徽、山西、河北等省区遗存较多。这里仅以江西傩为例：

江西是中国傩文化的发祥地之一。商周时聚居于赣江和鄱阳湖流域的三苗后裔，创造了灿烂的江西青铜文化。江西新干县太洋洲商墓出土的青铜双角神人面具，透露了赣傩滥觞的信息。记载最早赣傩的是南丰县《金砂余氏族谱·傩神辨记》，其中说汉初长沙王吴芮奉命征伐闽越，驻兵南丰军山。为避刀兵之灾，告诫乡民要敬傩以此消除妖孽。唐代文化鼎盛，《开元礼》对州县傩礼的统一规定，推动了江

傩面具

西8州37县"乡傩"的传播，如在江西的南丰、萍乡、修水等地，都流传着唐代建傩庙、供傩神的传说。宋代江西经济文化发达，赣傩盛行。南丰《金砂余氏族谱》记载：余氏为避唐末战乱，由余干迁徙南丰，宋初将祖先在四川为官时崇奉的西川灌口二郎清源真君神像迁至金砂（现紫霄镇黄沙村），立庙奉祀，岁时香火，并将这种制度称为"驱傩"。明清两代是赣傩繁荣时期，江西30多个县市有乡傩记载或遗存：赣东以南丰为最，清末至今有180多个村庄组建过傩班，现仍有"跳傩""跳竹马""跳和合""跳八仙"等113个傩班；乐安有"滚傩神""戏头鼓"和"玩喜"等班；崇仁有"面仿公""跳八仙"等；宜黄有"跳傩"、广昌有"孟戏"和"跳魁星"、黎川有"跳和合"与"跳八架"班等等。赣西数萍乡最多，傩舞称"仰傩神"或"耍傩案"，并称傩庙、傩面、傩舞为"三宝"；万载称"跳魁"或"搬案"，分"闭口傩"和"开口傩"两种流派……各地乡傩构成了具有江西特色的赣傩文化群。

由于傩舞流传地区不同，其表演风格也各异，既有场面变化复杂、表演细致严谨、生活气息浓厚、舞姿优美动人的"文傩"流派，又有气势威武磅礴、情绪奔放开朗、节奏强烈明快、动作刚劲有力的"武傩"流派。这种古老的传统傩舞之花，至今仍流行于江西的德安、武宁、婺源、南丰、都昌等县的舞台、厅堂和村镇田头。傩舞表演时一般都佩戴某个角色的面具，其中有神话形象，也有世俗人物和历史名人，由此构成庞大的傩神谱系，"摘下面具是人，戴上面具是神"。傩舞伴奏乐器简单，一般为鼓、锣等打击乐。表演傩仪傩舞的组织为"傩班"，成员一般有八至十余人，常有严格的班规。傩舞常在傩仪过程中的高潮部分和节目表演阶段出现，各地的傩舞节目丰富，兼具祭祀和娱乐的双重功效。

傩神庙是众神（面具）栖息之地，也是举行傩仪的主要场所。江西萍乡现存 17 座，南丰亦存 17 座，其中北宋金砂村傩神庙记载最早，明永乐年间迁建的甘坊村傩神殿保存完好，清乾隆辛丑年（1781）迁建的石邮村傩神庙民俗风味最浓。傩仪是傩的基本形态。赣傩仪式沿袭古礼，有起傩（开箱、出洞、出案）、演傩（跳傩、跳魁、跳鬼）、驱傩（搜除、扫堂、行靖）、圆傩（封箱、封洞、收案）等基本程序。时间一般从农历正月初一开始，至元宵左右结束（少数傩班在二月间结束）。"驱傩"是整个仪式重点，傩人戴着狰狞面具，拿着武器，在火把照耀下沿门驱疫，将危害人类的邪魅赶走。傩舞是赣傩的主要表演形式，素有中国舞蹈"活化石"之称。现有 200 多个传统节目，其中南丰 90 多个。

傩在漫长的传承和发展过程中，融合了人类学、社会学、历史学、宗教学、民俗学、戏剧学、舞蹈学、美学等多种学科内容，积淀了丰厚的文化底蕴。国家非常重视非物质文化遗产的保护，2006 年 5 月 20 日，傩舞经国务院批准列入第一批国家级非物质文化遗产名录。

40. 婚俗

中国人把婚姻看作人生中非常重要的一件事情，关涉到家庭幸福、家族香火的延续和社会的安定，因此有关婚姻的习俗也就特别繁多。结婚的仪式有很多讲究，十分复杂。传统的中国婚礼习俗包括"三书六礼"。

"三书"包括聘书、礼书、迎亲书。聘书是定亲之书，男女双方正式缔结婚约，纳吉（过文定）时用。礼书是过礼之书，即礼物清单，详尽列明礼物种类及数量，纳征（过大礼）时用。迎亲书是迎娶新娘之书，结婚当日（亲迎）接新娘过门时用。

"六礼"指纳采、问名、纳吉、纳征、请期、亲迎。纳采就是今天所说的提亲，古代婚礼强调"父母之命，媒妁之言"，因此男女结婚，男方一定要延请媒人到女方家提亲。问名通常也叫作"合八字"，男方探问女方的姓名及生日时辰,以卜吉兆。纳吉也称"过文定"或"小定"，问名若属吉兆，男方遣媒人致赠薄礼，谓之纳吉。纳征也叫"过大礼"，即正式送聘礼，奉送礼金、礼饼、礼物及祭品等。请期今称"择日"，由男家请算命先生选择结婚日期。择日之后，新郎乘礼车，于结婚之日赴女家迎接新娘，谓之亲迎。

传统的中国婚礼仪式主要包括以下步骤：

换庚谱　媒人提亲后，若男女双方八字相合，没有相冲，便互相交换两家的庚谱，作为定亲的最初凭据。

过文定　为"过大礼"的前奏，通常在婚礼前一个月举行。男家择定良辰吉日，携备三牲酒礼至女家，正式奉上聘书。

过大礼　订亲之最隆重仪式，约在婚前十五至二十天进行。男家择定良辰吉日，携带礼金和多种礼品送到女家。

安床　择定良辰吉日，在婚礼前数天由"好命佬"将新床搬至适

器物与生活

当位置。然后，在婚礼之前，再由"好命婆"负责铺床，将床褥、床单及龙凤被等铺在床上，并撒上各式喜果，如红枣、桂圆、荔枝干、红绿豆等。安床后任何人皆不得进入新房及触碰新床，直至新人于结婚当晚进房为止。结婚当晚，新人进新房后可让小孩在床上食喜果，称为"压床"，取其百子千孙之意。新郎的同辈兄弟可以闹新房，古时认为"新人不闹不发，越闹越发"，并能为新人驱邪避凶，婚后如意吉祥。

送嫁妆　收到大礼后，女家的妆套须最迟于结婚前一天送到男家。这批大箱小箱的嫁妆，为女家身份与财富的象征。嫁妆除珍贵的珠宝首饰外，主要是一些象征好兆头的东西，如剪刀（蝴蝶双飞）、片糖（甜甜蜜蜜）、银包皮带（腰缠万贯）、花瓶（花开富贵）、铜盆及鞋（同偕到老）、龙凤被、床单、枕头等。

上头　男女双方在婚礼前夕，择定良辰（男方要比女方早一个小时），进行上头仪式。这种仪式须由"好命佬"及"好命婆"（分别是男女双方的长辈或亲友，择父母子女健在、婚姻和睦者）在男女双方各自家中举行。一对新人均要穿上睡衣，女方应选在一个能看见月亮的窗口案上，燃起龙凤烛，点起清香一炷，连同莲子、红枣、汤丸三碗，每碗六个或九个，以及生果、烧肉和鸡心向天参拜。男女双方均要准备尺、镜、剪刀，即所谓"龙头镜、较剪尺"，取其光明继后之意，让"好命佬"及"好命婆"替新人梳头，一面梳一面说："一梳梳到尾，二梳梳到白发齐眉，三梳梳到儿孙满地，四梳梳到四条银笋尽标齐。"上头象征一对新人已步入"成人"阶段。

迎亲　在中国，接新娘是整个婚礼的一大高潮。新郎在众人陪同下，携着花球迎接新娘。当抵达女家后，第一关便是"入门"。若要顺利接得美人归，必须经过一连串智力及体能测试，必要时还要唱歌说情话，但最重要的还是丰厚的"开门利是"，即打点女方众姊妹的茶点礼物等，众姊妹满意后才开门。新郎顺利入门后，女方姊妹应以

迎亲

茶点招待男方兄弟。开门后，新娘应由其大姐或伴娘带领出来交给其父亲，再由父亲交给新郎，正式行夫妻见面礼。新人先拜天地，再向双亲奉茶跪拜，最后新人对拜。新娘准备两封"利是"，分别为"威旺金"及"满堂利是"，过门后交予家姑。

出门　在露天地方，由大姐或伴娘撑起红伞护着新娘，意指开枝散叶。大姐及众姊妹一边行，一边向上空、伞顶及花车顶撒米（可加红绿豆），用来"喂金鸡"，意指鸡啄米后便不会啄新娘。吉时，据说女子出门时须由人背上花轿，新娘双足是不可沾地的，否则便会带来麻烦。上花车前，新娘子应向送行的亲友鞠躬，以示谢意。

过门　指新娘由女家出门后正式踏入男家，拜见翁姑及男方其他长辈。

三朝回门　在婚后第三天，新妇由夫婿陪同，携烧猪及礼品回娘家祭祖，甚至小住一段日子，然后再随夫婿回家。

现代婚礼仍然保留一部分传统的习俗，但已经简化很多，而且有许多新式婚礼不断出现。总体来讲中国人的婚礼讲究隆重、喜庆、热闹。

41. 茶文化

中国人向来有"开门七件事，柴、米、油、盐、酱、醋、茶"之说，由此可见茶在人们日常生活中的重要位置。中国是茶树的原产地，因而也是茶叶的故乡，是世界上饮茶制茶最早的国家。很多书籍把茶的发现时间定为公元前2737—前2697年，那是中国历史上的三皇五帝时期。不过，茶最初不是像现在这样作为饮料使用的，而是作为药使用。西汉末年，茶是寺僧、皇室和贵族的高级饮料。三国时期，宫廷饮茶已很普遍。从晋到隋，饮茶逐渐普及开来，茶开始成为民间饮品。但茶风的大盛却是在大唐帝国建立以后。唐以前的饮茶是粗放式的，多用于解渴。随着唐代饮茶的蔚然成风，饮茶方式也发生了显著变化，出现了细煎慢品式，这一变化在饮茶史上是一件大事，其功劳

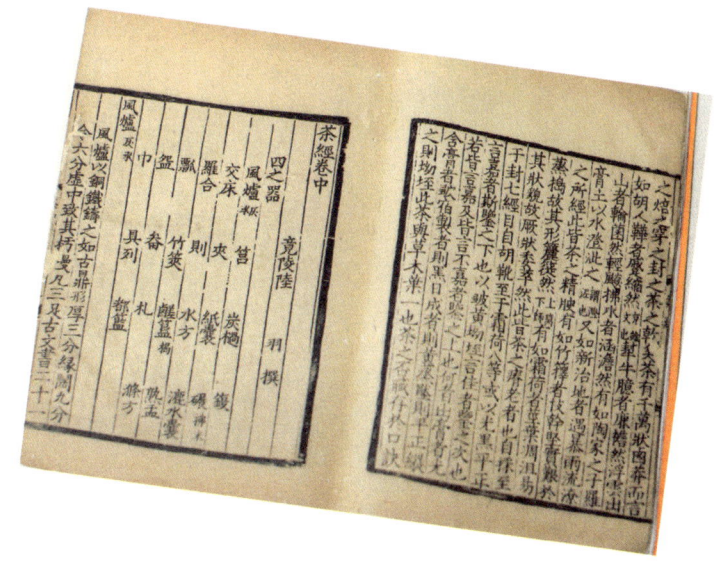

《茶经》

古人饮茶

应归于茶圣陆羽。他所著《茶经》，是唐代茶文化形成的标志。《茶经》概括了茶的自然和人文双重内涵，探讨了饮茶艺术，把儒、道、佛三种文化融入饮茶中，首创中国茶道精神。唐代茶文化的形成还与禅教的兴起有关，因茶有提神益思、生精止渴功能，所以寺庙崇尚饮茶。唐代形成的中国茶道分宫廷茶道、寺院茶礼、文人茶道三种。

宋代时，出现专业品茶社团，如由官员组成的"汤社"，由佛教徒组成的"千人社"等。宋太祖赵匡胤是位嗜茶之士。当时的宫廷中设立了茶事机关，宫廷用茶已分等级，茶仪已成礼制，赐茶成为皇帝笼络大臣、眷怀亲族的重要手段，茶叶成为向国外使节表达友谊的珍贵礼品。至于下层社会，茶文化更是生机勃勃，迁居时邻里要"献茶"，客人来时要敬"元宝茶"，定婚时要"下茶"，结婚时要"定茶"，同房时要"合茶"。民间兴起"斗茶"风，比赛茶叶的质量、茶汤的色香味、斗茶者的茶技茶艺。制茶方法多种多样，有蒸青、炒青、烘青等，茶具的款式、质地、花纹也千姿百态。

明清时代的饮茶，无论在茶叶类型上，还是在饮用方法上，都与前代差异显著。散茶在唐宋的基础上发展扩大，成为盛行于明清两代并且流传至今的主要茶类。明代炒青法所制的散茶大都是绿茶，兼有部分花茶。清代除了名目繁多的绿茶、花茶之外，还出现了乌龙茶、红茶、黑茶和白茶等类茶，从而奠定了中国茶叶结构的基本种类。

当今世界广泛流传的种茶、制茶和饮茶习俗，都是从中国传播出去的。据推测，中国茶叶传播到国外，已有两千多年的历史。约于公元5世纪南北朝时，中国的茶叶就开始陆续输出至东南亚邻国及亚洲其他地区。9世纪时，日本僧人将中国茶籽带回本国

苍松茶园

种植，从而使茶逐渐普及为大众化饮料。10世纪时，蒙古商队来华从事贸易时，将中国砖茶从中国经西伯利亚带至中亚地区。15世纪初，葡萄牙商船来中国进行通商贸易，茶叶贸易开始出现。荷兰人约在公元1610年将茶叶带至西欧，1650年后传至东欧，再传至俄、法等国，17世纪时传至美洲。18世纪初，品饮红茶逐渐在英国流行，并成为一种高雅行为，茶叶成了英国上层社会人士相互馈赠的高级礼品。著名的英国东印度公司于18世纪开始大规模经销中国茶，并获得了巨额利润。1880年，中国出口至英国的茶叶多达145万担，占中国茶叶出口量的60%到70%。19世纪，中国的茶叶终于走向全世界，成为世界性饮料。

中国现有茶园面积310万公顷。茶区分布辽阔，东起东经122°的台湾省东部海岸，西至东经95°的西藏自治区易贡，南自北纬18°的海南岛榆林，北到北纬37°的山东省荣城县，东西跨经度27°，南北跨纬度19°。共有21个省（区、市）967个县、市生产茶叶。全国有四大茶区，即西南茶区、华南茶区、江南茶区和江北茶区；有十大名茶，即西湖龙井茶、洞庭碧螺春、武夷岩茶、铁观音、屯溪绿茶、祁门红茶、信阳毛尖、君山银针、普洱茶、滇红茶。

42. 酒文化

中国的茶文化历史悠久，酒文化也毫不逊色。在几千年的文明发展史中，酒几乎渗透到社会生活的各个领域。中国的酒，绝大多数是以粮食酿造，而中国又是一个以农立国的国家，所以酒业的兴衰、粮食的丰歉与国家的社会发展状况、政治经济活动、文化生活习俗息息相关。

在中国古代史籍中，有所谓"猿酒"的记载。当然这并不是说猿猴自己会酿酒，而是猿猴采集的水果偶然地一次没吃完，水果自然发酵生成了果酒。所以，中国最早的酒是模仿大自然的杰作而制成的果酒和乳酒（动物乳汁自然发酵成酒）。宋元时中国已能酿造蒸馏酒，即白酒。中国用粮食酿造的最古老的酒是黄酒。黄酒，也称米酒，在世界三大酿造酒（黄酒、葡萄酒和啤酒）中占有重要一席，其酿酒技术独树一帜，成为东方酿造界的典型代表。黄酒，顾名思义是黄颜色的酒。所以有的人将黄酒这一名称翻译成"Yellow Wine"，其实这并不恰当。黄酒的颜色并不总是黄色的，还有黑色、红色，所以不能光从字面上理解。黄酒是用谷物作原料，用麦曲或小曲做糖化发酵剂制成的酿造酒。中国北方用谷子作原料，南方则用稻米，现在翻译上通行用"Rice Wine"表示黄酒。

古时候，酒被视为神圣的物质。酒的使用，是一件很庄严的事。远古以来，酒都是祭祀时的必备用品之一。古代的统治者认为"国之

宋代窦苹所著《酒谱》

大事，在祀与戎"，而无论是"祀"，还是"戎"，都离不开酒。祭祀时，酒作为美好的东西，首先要奉献给上天、神明和祖先享用。战时，勇士在出征之前，要用酒来激励斗志。酒不仅与国家大事密切相关，而且与人生大事不可分割，从而形成了中国多姿多彩的饮酒习俗。

婚姻饮酒习俗　在中国，"喜酒"往往是婚礼的代名词，办喜酒即办婚事，去喝喜酒，也就是去参加婚礼。与婚姻相关的还有"女儿酒""交杯酒""出门酒""会亲酒""回门酒"等。

节日饮酒习俗　中国人一年中的几个重大节日，都有相应的饮酒活动，如除夕夜饮"年酒"，端午节饮"菖蒲酒"，重阳节饮"菊花酒"。

"满月酒"或"百日酒"　生了孩子，满月时，摆上几桌酒席，邀请亲朋好友共同庆贺。亲朋好友一般都会带上礼物，也有的送上红包。

"寿酒"　中国人有给老人祝寿的习俗，一般 50、60、70 岁等生日被称为大寿，儿女或者孙子、孙女都要为老人举办酒宴，邀请亲朋好友参加。

"上梁酒"和"进屋酒"　在中国农村，建房是件大事，建房过程中，上梁又是最重要的一道工序，所以在上梁这天，要办"上梁酒"。房子造好了，举家迁入新居时，要办"进屋酒"，一是庆贺新屋落成，一是祭祀神仙祖宗，以求保佑。

"开业酒"和"分红酒"　举凡店铺开张、作坊开工之时，老板都会置办酒席，以志喜庆贺；店铺或作坊年终按股份分配红利时，也会办"分红酒"。

"壮行酒"（也叫"送行酒"）　有朋友远行，要为其举办酒宴，表达惜别之情。在战争年代，勇士们上战场执行重大且有生命危险的任务时，指挥官都会为他们斟上一杯"壮行酒"。

中国传统文化的核心是儒学，它在酒文化中的体现是喝酒讲究"酒德"，也就是说喝酒者要有德行，遵守各种礼节。中国人特别好客，

竹林七贤

酒席上喜欢"劝酒"，而且还会采用各种各样的方式助兴，如行酒令、唱酒歌等。

中国的酒文化绵延几千年，留下了很多关于酒的历史故事和异闻传说，如酒池肉林、箪醪劳师、鲁酒薄而邯郸围、鸿门宴、汉高祖醉斩白蛇、文君当垆、煮酒论英雄、竹林七贤、清圣浊贤、饮中八仙、杯酒释兵权等。酒自古还与文学艺术结下了不解之缘，酒与诗、与画、与戏曲、与音乐的故事丰富多彩，数不胜数。

43. 八大菜系

菜系是中华民族饮食文化的结晶。每一菜系的形成，都有它深远的历史背景和人文背景，同时也与各个地区的自然地理、气候条件、资源特产、饮食习惯等密切相关。中国各大菜系的形成，从萌芽到花繁果硕，已有千年以上的历史。其中最有影响、最具代表性的是鲁、川、粤、闽、苏、浙、湘、徽等菜系，也即人们常说的中国"八大菜系"。

鲁菜　鲁菜为八大菜系之首。在中国历史上，自宋代以后鲁菜即成为"北食"的代表。明清两代，鲁菜已成为宫廷御膳的主体。现今鲁菜由济南和胶东两地的地方菜演化而成。其特点是清香、鲜嫩、味纯，十分讲究清汤和奶汤的调制，清汤色清而鲜，奶汤色白而醇。济南菜擅长爆、烧、炸、炒，其著名品种有"九转大肠""汤爆双脆""烧蛎蝗""清汤燕窝"等。胶东菜以烹制各种海鲜而驰名，口味以鲜为主，偏重清淡，其著名品种有"干蒸加吉鱼""油爆海螺"等。

汤爆双脆

川菜　川菜也是一个历史悠久的菜系，其发源地是古代的巴国和蜀国。秦末汉初时初具规模，唐宋时发展迅速，明清时已富有名气，现今川菜馆遍布世界各地。正宗川菜以四川成都、重庆两地的菜肴为代表。川菜特点是酸、甜、麻、辣、香、油重、味浓，注重调味，离不开三椒（即辣椒、胡椒、花椒）和鲜姜，以辣、酸、麻脍炙人口，为其他地方菜所少有，享有"一菜一味，百菜百味"的美誉。烹调方法擅长于烤、烧、干煸、蒸。川菜的代表菜肴有"大煮干丝""黄焖鳗""怪味鸡块""麻婆豆腐"等。

大煮干丝

粤菜　即广东菜的简称，由广州、潮州、东江客家菜三种地方菜构成，但又各有特色。总的说来，粤菜有三大特点：第一，选料广博奇异，品种花样繁多，令人眼花缭乱。天上飞的，地上爬的，水中游的，几乎都能上席。第二，用量精而细，配料多而巧，装饰美而艳，而且善于在模仿中创新，品种繁多。第三，注重质和味，口味比较清淡，讲究清、鲜、嫩、爽、滑、香。著名菜肴有"烤乳猪""龙虎斗""太爷鸡""炖禾虫""五彩炒蛇丝""菊花龙虎凤蛇羹"等。

"龙虎斗"

闽菜 闽菜起源于福建省闽侯县，又称福建菜，拥有福州、闽南、闽西三路不同的技术和风味。闽菜具有四大鲜明特征：一为刀工巧妙，素有"剞花如荔、切丝如发、片薄如纸"的美誉；二为汤菜众多，变化无穷，素有"一汤十变"之说；三为调味奇特，偏于甜、酸、淡；四为烹调细腻，以炒、蒸、煨技术最为突出。代表名菜有"佛跳墙""鸡茸金丝笋""三鲜焖海参""班指干贝""鸡丝燕窝""荔枝肉"等。

班指干贝

苏菜　苏菜始于南北朝时期，唐宋以后，与浙菜一起成为"南食"两大台柱。清代时，苏菜风靡全国，相当于现在川菜、粤菜的地位。苏菜中的一支——淮扬菜曾为宫廷菜，目前国宴中的大多数菜肴仍属于淮扬菜。因此，淮扬菜又称国菜。苏菜主要由淮扬菜、苏锡菜、金陵菜、徐州菜组成。它以重视火候、讲究刀工而著称。其特点是浓中带淡，鲜香酥烂，原汁原汤，浓而不腻，口味平和，咸中带甜。其烹调技艺以炖、焖、烧、煨、炒而著称。烹调时用料严谨，注重配色，讲究造型，四季有别。著名菜品有"清汤火方""鸭包鱼翅""松鼠鳜鱼""西瓜鸡""盐水鸭"等。

清汤火方

浙菜 浙菜由杭州、宁波、绍兴、温州等地的菜肴为代表发展而成。就整体而言，有比较明显的特色风格，概而言之有四：一为选料刻求"细、特、鲜、嫩"；二为烹调擅长炒、炸、烩、熘、蒸、烧；三为注重清鲜脆嫩，保持主料本色和真味；四为形态精巧细腻，清秀雅致。久负盛名的菜肴有"西湖醋鱼""东坡肉""龙井虾仁""叫花童鸡""大汤黄鱼""爆墨鱼卷"等。

叫花童鸡

湘菜　即湖南菜，由湘江流域、洞庭湖区和湘西的地方菜组成。湖南人嗜辣如命，有一句话叫"江西人不怕辣，四川人辣不怕，湖南人怕不辣"。湘菜的辣有香辣、麻辣、鲜辣、酸辣及苦辣。在湖南辣菜谱中，"左宗棠鸡"的辣度算是榜首。湘菜有其鲜明的特色：第一，选料广泛；第二，品种丰富，湖南现有不同风味的地方菜和风味名菜多达800个；第三，刀功精妙，基本刀法有十几种之多；第四，擅长调味；第五，技法多样。著名菜品有"腊味合蒸""东安子鸡""麻辣子鸡""红煨鱼翅""汤泡肚""冰糖湘莲""金钱鱼"等。

腊味合蒸

徽菜 徽菜以沿江、沿淮、徽州三地区的地方菜为代表构成。徽菜素以烹制山珍野味著称。基本特点有：第一，就地取材，选料严谨，四季有别，充分发挥安徽盛产山珍野味的优势；第二，火功独到，使用不同控火技术，是徽菜形成酥、香、鲜独特风格的基本手段；第三，烹调技法上以烧、炖、熏、蒸而闻名；第四，讲究食补，以食补疗，药食并重，以食养身，在保持风味特色的同时，十分注重菜肴的滋补营养价值。著名菜品有"红烧果子狸""符离集烧鸡""火腿炖鞭笋""雪冬烧山鸡""葫芦鸭子""腌鲜鳜鱼""火腿炖甲鱼""毛峰熏鲥鱼"等。

火腿炖甲鱼

后 记

　　文化无处不在，影响着人们生活的方方面面；同时，在人们的日常生活中，又有各类文化现象层出不穷。中华民族勤劳且充满智慧，他们在历史的长河中创造出了丰富多彩的文化样式及影响深远的各类器物，这些都是中国文化中不可或缺的重要组成部分。

　　本书主要包含特色发明、精湛工艺、中华医学、健身娱乐、历法节日和生活习俗。所涉及的内容，均为独具中国特色、有较大影响的各色器物和人们的生活状态。书中部分内容在上一版《中国文化ABC》已有出现，这次进行了修改，同时亦增加了一些新的内容。在写作过程中，各位同事及编辑均给予了不少帮助，在此一并感谢！

　　由于编者水平有限，编写时间较紧，书中不可避免地会出现一些错误，敬请各位读者批评指正。

编者

2018 年 6 月 21 日

图书在版编目（CIP）数据

中国文化 ABC. 器物与生活 / 朱法元、夏汉宁主编 . -- 南昌 : 江西人民出版社 , 2018.8

ISBN 978-7-210-10654-8

Ⅰ . ①中… Ⅱ . ①朱… Ⅲ . ①中华文化—对外汉语教学—教材 Ⅳ . ① H195.4

中国版本图书馆 CIP 数据核字 (2018) 第 162743 号

中国文化 ABC：器物与生活

朱法元　夏汉宁　主编

责任编辑 : 章华荣　何　方
封面设计 : 上尚设计
出版 / 发行 : 江西人民出版社
经　　销 : 各地新华书店
地　　址 : 江西省南昌市三经路 47 号附 1 号（邮编 : 330006）
编辑部电话 : 0791-86898702
发行部电话 : 0791-86898815
网　　址 : www.jxpph.com
E-mail:jxpph@tom.com　web@jxpph.com
2018 年 8 月第 1 版　2018 年 8 月第 1 次印刷
开　　本 : 787 毫米 × 1092 毫米　1/ 16
印　　张 : 8.75
字　　数 : 100 千字
ISBN 978-7-210-10654-8
赣版权登字—01—2018—614
定　　价 : 38.00 元
承 印 厂 : 江西华奥印务责任有限公司